Inteligencia emocional

2 Libros en 1

pensamiento crìtico & reconecte su cerebro

esta es la mejor guìa para dominar y probar sus habilidades de liderazgo en su negocio. (la biblia 2.0)

David Mckay

Table of Contents

PENSAMIENTO CRÍTICO

RECONECTE SU CEREBRO

PENSAMIENTO CRÍTICO

La mejor guía para principiantes, la cual ofrece las herramientas necesarias para resolver problemas; explica la lógica y los conocimientos básicos de la psicología humana (apto para mujeres, hombres y niños)

dentro de este libro son únicamente para propósitos esclarecedores y son propiedad del beneficiario, quien no está afiliado a este documento.

Introducción

El pensamiento crítico es un proceso que está asociado al aumento de la comprensión, del conocimiento, y en la resolución de problemas. La fórmula del pensamiento crítico requiere de una mente abierta al momento de recolectar y analizar los datos para poder considerar muchas soluciones posibles a la pregunta en cuestión. El proceso demanda una evaluación minuciosa de cada posible respuesta para obtener total exactitud. El pensamiento crítico se obtiene escogiendo la respuesta que tiene la probabilidad de presición más alta.

Por ejemplo, pensar es algo que todos hacemos. Existen probables variaciones en nuestro pensamiento, las cuales provienen de nuestros prejuicios y visiones distorcionadas. Los prejuicios o percepciones sesgadas pueden estar basadas en las conjeturas que hemos hecho y en los hechos que hemos aceptado como verdaderos. Al cuestionar nuestras conjeturas, junto a la información que se nos ha dado, nos ayudará a llevar a cabo evaluaciones que podrían fomentar nuestra habilidad y así sacar partido de nuestros pensamientos. Debido a que el resultado de nuestro pensamiento determina cuán eficaz somos, es muy necesario mejorar nuestra habilidad de pensar (por ej.: nuestra habilidad de pensar de manera crítica).

El pensamiento crítico es descrito en muchos aspectos. Muchos piensan que el pensamiento crítico es una habilidad cognitiva de orden superior, lo cual consiste principalmente en analizar las afirmaciones y tomar una decisión que llevaría a que se generen ideas. Otros sienten que el pensamiento crítico es cuestión de usar las capacidades de razonamiento para identificar y analizar los argumentos. Todos los puntos de vista requieren el análisis de afirmación. Para evaluar si los conocimientos cumplen con los Requisitos intelectuales universales, primero se deben evaluar las declaraciones. El Estándar intelectual universal mide los valores del conocimiento. La definición de Calidad intelectual universal motiva al pensamiento crítico. Evaluación de los Estándares intelectuales universales:

Particularidad en la elaboración de la obtención de información:

- ✓ La fiabilidad de la confirmación en la obtención de la información
- ✓ La calidad de los detalles en la obtención de la información
- ✓ La importancia del vínculo en la obtención de la información
- ✓ La amplitud en el interés de los matices en la obtención de la información
- ✓ El aspecto de los otros puntos de vistas en la obtención de información
- ✓ La coherencia de la continuidad en la obtención de la información
- ✓ La importancia de la obtención de la información

En el intento por esclarecer las habilidades involucradas en el pensamiento crítico han surgido varias teorías. Uno de los conceptos incluye la interpretación (clasificación, decodificación del significado y explicación del mismo); análisis (examen de las ideas, identificación de los argumentos y análisis de los mismos); evaluación (evaluación de las ideas y los argumentos); conclusión (examinación de la evidencia, conjetura de las alternativas y llegar a una conclusión); explicación (ajuste de los resultados, justificación de los procedimientos y la presentación de los argumentos). Mientras que las habilidades involucradas en el pensamiento crítico se pueden explicar mediante estos conceptos, el pensamiento crítico en sí se puede explicar de manera más clara.

¿Qué es el pensamiento crítico?

¿Obtienes resultados específicos cuando resuelves problemas? Para sacar tus propias conclusiones, ¿utilizas lógica, análisis y evaluación?; ¿Has obtenido siempre un enfoque realístico y racional ante tus problemas? Si es así, entonces tienes pensamiento crítico. Otro concepto de este pensamiento es ser capaz de usar, de manera eficiente, tus habilidades cognitivas para alcanzar una meta específica. En otras palabras, el pensamiento crítico no pierde mucho tiempo, sino que se enfoca en los aspectos necesarios de un problema para hallar una solución real de forma rápida y eficaz.

La capacidad de pensar de manera clara y racional sobre lo que uno hace o cree, es tener pensamiento crítico. Incluye la habilidad de pensar de forma razonal e independiente. Alguien con habilidad de pensamiento crítico puede lograr lo siguiente:

- ✓ Considerar las conexiones lógicas entre los conceptos
- ✓ Reconocer, crear y analizar las ideas
- ✓ Encontrar discrepancias o errores específicos en el pensamiento
- ✓ Resolver problemas con frecuencia
- ✓ Definir el significado o la utilidad de las ideas
- ✓ Enfocarse en defender las opiniones y los valores de uno mismo

En el pensamiento crítico no se trata de recolectar información. Una persona con buena memoria y que tiene mucha información no es necesariamente buena en este tipo de pensamiento. Un pensador crítico puede deducir las consecuencias de lo que ya sabe, sabe cómo usar la información para resolver problemas y busca fuentes relevantes de información para mantenerse informado.

El pensamiento crítico no debe confundirse con criticar o juzgar a los demás. Aunque este pensamiento se puede usar para exponer los errores o los malos raciocinios, el pensamiento crítico también puede jugar un papel importante en el raciocinio colaborativo y en las labores constructivas. Este pensamiento nos ayudará a ganar conocimiento, a reforzar nuestras ideas y a soportar los reclamos. Para reforzar las prácticas laborales y mejorar las instituciones sociales también se puede usar el pensamiento crítico.

Algunas personas creen que el pensamiento crítico entorpece la creatividad ya que se deben seguir reglas de lógica y coherencia; por el contrario, la creatividad puede demandar reglas que generen una grieta. Esto es confusión. El pensamiento crítico es consistente con el pensamiento

«original», con el consenso desafiante y en perseguir la estrategia menos popular. En todo caso, el pensamiento crítico es un parte fundamental de la innovación ya que analiza y mejora nuestras ideas creativas; por tal razón, necesitamos pensar así.

Está científicamente comprobado que el pensamiento critico es un método que se enfoca en la conceptualización, la puesta en práctica, la interpretación, la sintetización, y en evaluar la información recolectada de, o creada por la interpretación, la práctica, el pensamiento, la lógica o la interacción, como una guía para creer y actuar. Se basa en su naturaleza ejemplar de principios cognitivos comunes que sobrepasa las diferencias del problema en cuestión: la transparencia, la fiabilidad, la precision, la integridad, la validez, la prueba sólida, las buenas razones, el alcance, la dimensión y la equidad.

Esto implica examinar aquellas estructuras o elementos pensantes presentes en cualquier raciocinio: el próposito, el problema o el asunto en cuestión; las conjeturas; los conceptos; los fundamentos empíricos; los razonamientos que llevan a sacar las conclusiones; la inferencia y las consecuencias; la objeción de los puntos de vistas alternativos; los marcos de referencias. El pensamiento crítico —en respuesta a los temas complejos, a los problemas y propósitos— está integrado a una familia de modos de pensar que están entrelazados entre sí, en los cuales se encuentran el pensamieno científico, histórico, antropológico, económico, ético y teórico.

Se considera que el pensamiento crítico es como tener dos componentes: 1) una colección de habilidades que producen y procesan la información y las ideas, y 2) la práctica de utilizar esas habilidades en acciones directas, basadas en dedicaciones cognitivas. Por lo tanto, se lo compara con 1) la colección pura y el almacenamiento de la información por sí sola porque esto implica una forma particular en la cual se obtiene la información y en cómo se la trata; 2) la mera posesión de un conjunto de habilidades, ya que requiere del uso constante de las mismas; y 3) la mera puesta en práctica de esas habilidades («como un ejercicio ») pero sin el reconocimiento de sus desempeños.

El pensamiento crítico varía dependiendo de la motivación

subyacente. Por lo general, las motivaciones egoistas que ya están incorporadas se reflejan en la habilidad de manipular la información en nombre del interés establecido de uno mismo o de la clase social de cada uno. Tiene, de por sí, defectos intelectualmente típicos aunque puede ser pragmáticamente exitoso. Por lo general, es de orden superior si se encuentra arraigado a la lealtad y a la honestidad moral, aunque es un poco susceptible a la acusación del «idealismo » por aquellos que están acostumbrados a su interés de codicia.

En cualquier adulto el pensamiento critico no es universal, sino que cada uno está sujeto a un brote de indisciplina o de un pensamiento irracional. Por lo tanto, su calidad es normalmente una cuestión de grados y dependencia, entre otras cosas, en la calidad y la intensidad de las experiencia en un determinado campo de pensamiento o en un tipo particular de cuestiones. Nadie es un pensador crítico de la cabeza a los pies, pero de tal manera con tal o cual observación y puntos muertos uno tiende a tener hábitos de ilusión. Por esa razón, improvizar las habilidades del pensamiento crítico y el humor es una meta que debemos tener toda durante toda la vida

Breve conceptualización del pensamiento crítico

El pensamiento crítico es un pensamiento que se autoguía y se autodisciplina, el cual intenta razonar de una forma parcial a un alto nivel de calidad. Aquellas personas que por lo general piensan de manera crítica intentan vivir de forma moral, compasiva y empática. Si esto se saliera de control, somos muy concientes de la naturaleza defectuosa del pensamiento humano. Este se esfuerza por disminuir el poder de lo egocéntrico y sociocéntrico. Nosotros utilizamos los métodos que nos ofrece el pensamiento crítico — teorías y valores que nos ayudan a evaluar, examinar y mejorar el aprendizaje.

Estamos trabajando con esmero para cultivar los valores académicos de la integridad, la modestia, la moral, la conciencia y el sentido intelectual de la justicia, y fé en la razón. Sabemos que no importa cuán habilidosos seamos como analistas, uno siempre puede mejorar sus habilidades para razonar aunque algunas veces seremos vulnerables a errores lógico, irracionalidad humana, conjeturas, estereotipos, confusiones, normas sociales aceptadas sin sentido crítico, e intereses de abusos y egoísmo, los cuales ya están establecidos.

Estos valores se esfuerzan por mejorar el ambiente y conducir a una sociedad más civilizada y moral de la forma en que puedan hacerlo. Al mismo tiempo, somos capaces de entender los problemas de fondo al hacer eso. Se trata de evitar, de manera simple, pensar en asuntos complicados y esforzarse por tener en cuenta los derechos y necesidades de los demás. Entiende los desafios de involucrarse como individuo y comprometerse a un entrenamiento de autosuperación.

Cómo aprender los conocimientos básicos de la psicología

La psicología es una de las materias más populares en los colegios y en los campus universitarios, pero eso no significa que debas tener un título en psicología para saber más acerca de la mente y el comportamiento humano. Existen muchas formas interesantes de aprender ahora mismo sobre la mente humana y las acciones, como completar un curso universitario, inscribirse a clases en líneas gratuitas o utilizar recursos que también se encuentran en línea, y así podrás instruirte a ti mismo.

Por muchas y por buenas razones, la psicología es un asunto de interés. A medida que se aprende más sobre las reglas básicas de la mente humana y sus acciones, las personas tendrán una mejor comprensión consigo mismas y con los demás. Los psicólogos siempre juegan un papel fundamental en el sistema de atención sanitaria al asistir a personas con problemas de salud mental, al brindar psicoterapia, al buscar diferentes opciones de tratamientos y al asesorar a los pacientes de cómo deben lidiar con sus síntomas de manera eficiente.

Introducción a la psicología

Siempre es buena idea comenzar con los conocimientos más básicos cuando se aprende algo nuevo. Aprende cuál es la historia de la psicología.

Tómate algo de tiempo para aprender más sobre la psicología, como así también la historia primitiva de esta materia ya que recién empiezas con la investigación en este tema. El tema principal que también abarca casi toda la asignatura de la psicología desde un principio es una descripción de todas las ramas que esta posee.

La metodología de la investigación «¿Cómo estudian los científicos el comportamiento humano? ». Para pensar más sobre cómo y por qué las personas se comportan de la manera en que lo hacen, cada estudiante de psicología debe tener un conocimiento básico sobre los métodos de investigación que utilizan los psicólogos.

Aunque no tengas la intención de convertirte en un psicológo investigador, leer más sobre cómo estos profesionales ven el estudio del comportamiento humano, te brindará una gran valoración de los resultados que descubrirás durante tus estudios.

El método científico y el ciclo experimental psicológico eran aspectos importantes a la hora de comprender cómo los psicológos estudiaban el cerebro y las acciones.

Psicología evolutiva

A lo largo de la historia humana, no hace mucho tiempo, la mayoría de las personas creían que los niños eran pequeñas copias de los adultos. Los investigadores comenzaron a darse cuenta en los últimos tiempos que la infacia es una fase única e importante de la vida. La psicología evolutiva es una de las subramas más importantes de la psicología, la cual se enfoca en todos los aspectos del desarrollo y de la transición de la vida.

La investigación de la psicología evolutiva puede parecer fácil; al fin y al cabo, todo hemos pasado por ella. Cuando empiezas a explorar la materia, aprenderás rápidamente que existen mucha más información acerca de la tesis de la creación de lo que pensabas.

Cuando leas algunos de los conceptos principales del desarrollo infantil, deberás reconcer ciertos asuntos importantes y cuestiones que afectan a la psicología evolutiva porque también es muy necesario. Esto implica el tema de la naturaleza milenaria frente a la crianza, lo cual se ve reflejado en el papel comparativo de la genética y el ambiente.

Psicología conductista

La psicología conductista fue, durante todo el siglo XX, una importante escuela del pensamiento que continúa siendo destacada hoy en día; también se la conoce como conductismo. Muchos de los principios conductuales, incluyendo la terapia, la educación y la domesticación de animales son ampliamente usados en la actualidad.

El conductismo puede que ya no sea tan dominante como lo fue alguna vez, pero si quieres saber más acerca de la psicología necesitas comprender los principios básicos del comportamiento.

Empieza aprendiendo más sobre los conceptos importantes como el condicionamiento modernos y el condicionamiento para directores. Lee más acerca de los diferentes tipos de recompensa y disciplina, además de comprender sobre estas estrategias sociales de copia.

Teorías psicológicas y teóricos importantes. Algunos de los teóricos psicológicos más famosos como Freud Erikson y Piaget han propuesto teorías para describir los diferentes aspectos de la creación, el comportamiento y otras cuestiones. Aunque algunas hipótesis ya no son populares, investigar sobre el impacto que estas ideas tubieron en la psicología es aún muy importante.

Algunos de los conceptos claves que debes estudiar son:

- ✓ Teoría psicosexual de Freud
- ✓ Teoría del desarrollo cognitivo
- ✓ Jerarquía de las necesidades humanas de Maslow
- ✓ Teoría del desarrollo moral de Kohlberg
- ✓ 5 grandes rasgos de la personalidad

Psicología de la personalidad

La psicología de la personalidad es otro de los temas de interés más importante dentro de la psicología. A medida que aprendes más y más acerca de la psicología, te darás cuenta de que algunas de las teorías más conocidas se enfocan en comprender cómo evoluciona la personalidad.

Nuestra personalidad es la que nos convierte en quienes somos. ¿Qué factores son los que afectan el tipo de personalidad que tenemos?; ¿Existe un temperamento establecido o sepuede cambiar?

Para poder investigar acerca de la personalidad es importante concentrarse en algunos temas claves como en las características y en los desórdenes de la personalidad.

Psicología social

¿Por qué cuando las personas se encuentran en un grupo numeroso aveces actúan diferente? Los psicólogos sociales intentan comprender el comportamiento social, incluyendo cómo interactuamos con los demás o cómo los demás influencian nuestro comportamiento.

La psicología social es una rama muy fascinante, la cual explora una amplia gama de prácticas sociales como la influencia de los transeúntes, las creencias y la comprensión del individuo.

Principios básicos de la psicología que necesitas saber

Para algunas personas, el deseo de dedicarse a una carrera dentro de este campo es debido al interés que tienen por la psicología. Otros, quizás, quieran saber más tan solo por curiosidad o porque estarían pensando en visitar a un terapeuta. Cualquiera sea el motivo, construir una mejor comprensión de los temas como el sentimiento, la inspiración, el intelecto, el afecto, la interacción y los métodos de investigación en diferentes áreas de la vida, te será muy útil.

Al principio, la psicología puede parecer un campo basto y abrumador, pero para empezar te puede resultar más facil si aprendes primero algunos principios básicos. Lo que sigue a coninuación son tan solo algunos temas importantes que también necesitas saber sobre esta fascinante materia. Una vez que tengas una fuerte comprensión de los principios estarás mejor preparado para explorar varias formas en las que la psicología puede ayudar a mejorar tu vida diaria, tu salud y tu bienestar.

La psicología no siempre ha sido una ciencia como lo es ahora. Se la considera una disciplina relativamente nueva, y aunque tenga un pasado breve, tiene una larga historia, tal y como lo ha explicado un inminente psicológo.

Aunque dentro del gran esquema de las cosas la psicología puede ser una materia reciente, se ha desarrollado a tal punto de jugar un papel importantísimo en el mundo de hoy en día. Los psicólogos trabajan en hospitales, clínicas psiquiátricas, escuelas, colegios, y en instituciones, como agencias gubernamentales, empresas privadas y de forma autónoma llevando a cabo una gran variedad de tareas y cubriendo puestos, desde el cuidado de la salud mental hasta el impacto político de la salud pública.

La psicología depende de los métodos científicos

Uno de los mitos más comunes acerca de la psicología es que esta se trata solo de «sentido común ». El problema con esto es que la investigación psicológica ayudó a demostrar que muchas de las cosas que creemos que son una cuestión de

«sentido común » no son del todo acertadas. Después de todo, si el sentido común fuera tan común como lo describe la gente, entonces no tendrían ciertos comportamientos que afectan a su salud, como ingerir comida chatarra o fumar.

La psicología depende de los métodos científicos para analizar los problemas y llegar a ciertas conclusiones, a diferencia del sentido común. Los científicos fueron capaces de descubrir relaciones entre las diferentes variables mediante el uso de métodos empíricos. Ellos utilizan una gama de técnicas, como ser los análisis naturalistas, pruebas, estudios monográficos y cuestionarios que sirven para investigar la mente y el comportamiento humano.

Los psicólogos abordan las cuestiones desde perspectivas diferentes.

Es posible apreciar los temas y los problemas de la psicología de varias maneras. Tomemos como ejemplo el tema de la violencia. Muchos psicólogos investigan cómo las causas genéticas provocan la agresión, mientras que otros analizan cómo algunos factores, como ser la historia familiar, las relaciones, la presión social, y las variables contextuales afectan a la violencia.

Algunas de las perspectivas psicológicas incluyen:

- ✓ Perspectiva biológica
- ✓ Perspectiva cognitiva
- ✓ Perspectiva evolutiva
- ✓ Perspectiva humana

Cada perspectiva se añade a una nueva dimension de comprensión para con la materia.

Por ejemplo, piensa que los psicólogos intentan comprender los multiples factores que contribuyen al acoso. Algunos de ellos puede que estudien de qué manera los genes y el cerebro se relacionan con este tipo de comportamiento desde una perspectiva biológica. Otros terapeutas pueden tomar una aproximación psicológica para estudiar las muchas maneras en que el ambiente fomenta los comportamientos de acoso. Otros investigadores pueden valerse de una perspectiva social y examinar el impacto potencial de un grupo poniendo especial presión a los comportamientos de acoso escolar.

Nadie tiene el punto de vista «correcto». Esto se añade a cómo interpretamos un tema, y a la vez, ayudamos a los científicos a examinar los muchos factores que desencadenan ciertas actividades y a buscar métodos multifacéticos para combatir los problemas e incentivar mejores resultados y hábitos saludables.

La psiquiatría está siempre a tu alrededor

La psicología no es tan solo una materia que se estudia en las escuelas, en los laboratorios de investigación o en los consultorios de salud mental. A través de cada situación diaria puedes observar que los ideales de la psicología están a tu alrededor.

Si tienes alguna pregunta sobre esta rama de la psicología, es muy probable que un psiquiatra pueda ayudarte. Existen diferentes tipos de psicología; cada una enfocada en resolver los diversos problemas que hay en el mundo. Por ejemplo, si tu hijo tiene problemas en la escuela, es muy probable que necesites el punto de vista de un psicólogo quien se especialice en ayudar a los niños a sobrellevar cuestiones educativas, personales, y psicológicas, entre otras. Si estás preocupado por un padre o abuelo de edad avanzada, quizás quieras recibir consejos de un professional que se especializa en la psicología evolutiva, quien está capacitado y es un experto en el proceso de envejecimiento.

Esto ayuda a comprender algunas de las diferentes capacitaciones y licencias que se necesitan para las diversas áreas de especialización, y así determinar qué profesional puede ayudarte. Si lo que buscas es encontrar un psicoterapeuta, te será útil leer más acerca de qué profesional puede ofrecer servicios terapeúticos.

Si lo que quieres es convertiré en un especialista en psicología, debes ponerte contento ya que descubrirás que hay muchas carreras que puedes elegir. Las diferentes perspectivas de carreras dependen, en gran parte, de tu nivel educativo y experiencia profesional, por lo que es importante investigar los requisitos de licencias y capacitaciones que necesitas para el área de especialización que hayas escogido.

Los psicólogos se enfocan en mejorar la vida de las personas

Los objetivos principales de la psicología identifican, ilustran, comprenden y modifican el comportamiento humano. Para contribuir a nuestro entendimiento básico de cómo la personas piensan, sienten y se comportan, los psicólogos hacen esto. En un contexto práctico, los demás terapeutas abordan los problemas del mundo real que afectan a la vida diaria.

Y finalmente, muchos psicológos dedican su vida a ayudar gente con problemas psicológicos. Los puedes encontrar en hospitales, centros de salud mental, consultorios privados, y demás lugares; allí tratan desordenes psicológicos y ofrecen psicoterapia a personas de toda clase social.

colorize-it.com

Psicología cognitiva

¿Por qué a ellos se les olvida? ¿Y por qué nosotros sí lo recordamos? Puedes obtener una explicación a estas preguntas si lees más sobre un tema llamado psicología cognitiva. Esta psicología estudia cómo los humanos guardamos la información, cómo aprendemos, cómo percibimos y cómo recibimos los estímulos sensoriales. Esta rama de la psicología permite que tanto la memoria de largo como de corto plazo se puedan comparar.

¿Sabías que la información necesita permanecer un tiempo determinado en la memoria de corto plazo para que la memoria de largo plazo la pueda almacenar? Por esa razón es tan difícil recordar, porque no te has podido concentrar bien en los hechos. Si la atención de una persona se anula, interferida por una distracción, la porción de información que se encontraba en la memoria de corto plazo se puede perder para siempre. Pero si la persona puede retener una exposición de datos un tiempo lo suficientemente largo, la información será transferida a la memoria custiodada de largo plazo. La memoria de largo plazo tiene una mayor capacidad y se pueden almacenar más datos.

Ciertos subtemas de la psicología cognitiva tratan sobre la evaluación de la inteligencia y la investigación del desarrollo humano. La medición de la inteligencia también es muy conocida como la Evaluación de los conocimientos. Estos métodos son muy útiles para determinar la habilidad cognitiva de una persona. La prueba IQ puede ayudar a los profesores y padres a determinar qué nivel de desempeño puede ofrecer cada estudiante.

La teorias de la inteligencia dentro de la psicología cognitiva establece que las personas nacen con un cierto rango de inteligencia. Se presume que este rango está influenciado mayormente por factores genéticos. El momento de madurez ya depende más que nada de ciertos factores como por ejemplo, la forma en que el infante nació, su nutrición, el desarrollo físico y cerebral, y el grado con el cual el niño es intelectualmente desafiado por el ambiente en el que él o ella reside. La psicología cognitiva permite determinar tales factores.

¿Qué es la neurociencia cognitiva?

La psicología cognitiva se dedica a estudiar los procesos mentales internos —todas las cosas que tienen lugar en el cerebro, como ser la percepción, el pensamiento, la memoria, la atención, el habla, la resolución de problemas y el aprendizaje. Aunque es una rama de la psicología relativamente nueva, se ha convertido rápidamente en uno de los subcampos más populares.

La psicología cognitiva es una rama científica que se la utiliza generalmente dentro de la psicología como campo principal. Es una de las mayores ramas de la psicología, la cual ha otorgado grandes oportunidades laborales a los candidatos. Por lo general se enfoca en temas relacionados al aprendizaje, a la recuperación de información, a los mecanismos de pensamientos, a la expresión, el habla y demás aspectos tales como la resolución de problemas y la toma de decisiones. Las personas que siguen la carrera de esta rama de la psicología se los conoce como psicólogos cognitivos conductuales. Nuestra mayor responsabilidad es investigar los mecanimos mentales internos, como la labor del pensamiento, el habla, la interpretación y la memoria. Su trabajo es examinar cómo las personas resuelven diferentes asuntos mediante el uso del conocimiento y la toma de decisiones. La investigación que ellos realizan explora, en primer lugar, cómo se almacenan los datos y cómo lo comprende el individuo.

Hoy en día son los campos y disciplinas centrales de la psicología que han atraído la atención de muchos jóvenes estadounidenses. Además, en los últimos años, después de comprender las limitación del conduntismo, los psicólogos del comportamiento han obtenido un enorme apoyo por parte de los científicos. Las oportunidades laborales de los psicólogos aún se encuentran en constante aumento y será abundante mientras prevaleza la inestabilidad personal, social y económica de la sociedad humana.

Existen muchos métodos prácticos para este trabajo conductual, como lidiar con los problemas de memoria, mejorar la consistencia en la toma de decisiones, descubrir nuevas formas para ayudar a que las personas se curen de daños cerebrales, resolver las discapacidades de aprendizaje y diseñar programas académicos para mejorar el desempeño.

Conocer más acerca de cómo la gente piensa y procesa la información no solo ayuda a los científicos a tener una profunda comprensión de cómo funciona el cerebro humano, sino que también incentiva a los terapeutas a desarrollar nuevas formas de tratamientos para ayudar a que las personas lidien con los problemas psicológicos. Al reconocer, por ejemplo, que la atención es un recurso tanto selectivo como limitado, los psicólogos obtendrían soluciones que ayudarían a que las personas con dificultades puedan mejorar su foco y concentración.

Los hallazgos de la psicología cognitiva también han mejorado nuestra comprensión en relación a cómo la persona crea, guarda y rememora los recuerdos. Al aprender más sobre cómo trabajan estos procesos, los psicólogos pueden desarrollar nuevas metodologías para ayudar a que las personas puedan mejorar sus memorias y luchar contra los problemas potenciales de la misma.

Por ejemplo, los psicólogos han descubierto que mientras que tu memoria de corto plazo es muy pequeña y limitada (tiene una duración de 20 a 30 segundos y puede retener entre cinco y nueve cosas), las estrategias de prácticas pueden mejorar las chances de transferir la información a la memoria de largo plazo, la cual es mucho más estable y duradera.

Mientras que muchos psicólogos del comportamiento se capacitan en investigaciones y son contratados por escuelas y agencias gubernamentales, otros tienen un enfoque médico y trabajan directamente con personas que padecen problemas relacionados a varios procesos mentales. También pueden trabajar en hospitales, centros de salud mental o en consultorios privados.

Los psicólogos que trabajan en esta área por lo general se enfocan en un área específica de interés, como ser la memoria, mientras que otros eligen trabajar directamente con los problemas de salud relacionados a lo cognitivo, como los transtornos cerebrales degenerativos o lesiones cerebrales.

- ✓ Razones para consultar a un psicólogo cognitivo-conductual:
- ✓ Para tratar efermedades psicológicas con terapia cognitiva

- ✓ Para explorar opciones de tratamientos para traumas cerebrales
- ✓ Si estás experimentando problemas perceptuales o sensorial
- ✓ Como parte de una terapia para tratar un desorden en la pronunciación o en el léxico
- ✓ Si sufres Alzheimer, demencia o pérdida de memoria
- ✓ Para examinar diferentes intervenciones en las dificultades de aprendizaje

El trabajo de los psicológos cognitivos-conductuales es esencial para ayudar a personas que han experimentado cuestiones con procesos mentales. Mientras nosotros tendemos a convertir las habilidades como la atención y la solución de problemas en parte de la rutina, quizás porque están muy entrelazadas en la fábrica de nuestra existencia diaria, las alteraciones cognitivas pueden crear alteraciones en múltiples áreas de la vida de un individuo. Los problemas de atención pueden generar la concentración en el trabajo, pero dificultad en la escuela. Tan solo un pequeño problema de memoria puede generar una lucha para abordar las demandas diarias de la vida.

Recuerda, por ejemplo, que tu salud y bienestar pueden ser influenciados por pensamientos negativos. De vez en cuando, todos tenemos esos pensamientos, pero algunas personas son abrumadas por pensamientos depresivos, los cuales dificultan el trabajo en la vida diaria.

El impacto de la ciencia cognitiva en las intervenciones de la salud mental.

El campo de la psicología cognitiva también ha sufrido un impacto en las intervenciones de la salud mental además de contribuir a la comprensión de cómo funciona la mente humana. Antes de la década de los setenta, muchos de los métodos utilizados en la salud mental se basaban en el psicoanálisis, en la psicología y en lo humanístico.

En ese momento, la tan conocida revolución cognitiva se enfocó fuertemente en entender cómo las personas procesan la información y cómo los patrones de pensamiento pueden desencadenar angustias psicológicas. Las nuevas estrategias de tratamientos se han elaborado para tratar depresiones, ansiedades, fobias y otros transtornos psicológicos, y todo gracias a las investigaciones que han llevado a cabo los psicólogos del comportamiento en esta área.

La terapia conductual-cognitiva y la terapia conductual- cognitiva objetiva son dos métodos que se centran en el conocimiento inconsciente, el cual desecandena las angustias psicológicas en los pacientes y terapeutas.

Si experimentas síntomas que se relacionen a algún desorden psicológico y que se pueda beneficiar del uso de estos métodos cognitivos, puedes visitar a un psicólogo que esté capacitado en estos métodos de terapia cognitiva. Estos profesionales, por lo general, tienen otros títulos aparte de psicólogos cognitivos; también pueden ser psiquiatras, psicólogos clínicos o terapeutas, pero muchas de las estrategias que ellos utilizan están arraigadas en la tradición cognitiva. Si tienes dudas de las disciplinas o métodos que utiliza un profesional, pregúntaselo.

Qué hacer si recientemente te han diagnosticado con un problema cognitivo.

Puede ser aterrador y hasta abrumador ser diagnosticado con problemas de salud mental o neurológico, pero es muy importante recordar que no estás solo.

Tú puedes forjar ciertas estrategias para un tratamiento efectivo mediante la consulta a tu doctor quien te ayudará a resolver tu salud mental y las cuestiones cognitivas. Tu tratamiento debe consistir en consultar a un psicólogo cognitivo-conductual que tenga un historial en el área en particular que tu enfrentas, o te pueden derivar a otro profesional de la salud mental que tenga capacitación y experiencia en tu dolencia en particular.

Te puede ser de mucha ayuda saber todo lo que puedas sobre tu diagnóstico inicial y ten en cuenta hacer una lista de preguntas para hacerlas a tu psiquiatra, terapeuta clínico o profesional de la salud mental en la cita que fueras a tener con él/ella. Esto puede ayudarte a sentirte más preparado y así recuperarte para la siguiente etapa.

Resumen

Como puedes ver, el mundo de la psicología cognitiva es amplio y diverso, pero tiene influencia en muchas áreas de la vida diaria.

Los estudios de la psicología cognitiva aveces parecen ser abstractos o estar distantes de los problemas que enfrentas día a día, pero los resultados que han arrojado las investigaciones científicas juegan un papel importante en cómo los médicos clínicos ven la recuperación de enfermedades mentales, lesiones cerebrales traumáticas y transtornos cerebrales degenerativos. Gracias a la investigación de los psicólogos cognitivos-conductuales ellos pueden identificar mejores formas de medir las habilidades intelectuales de los individuos, desarrollar nuevos métodos para combatir los problemas de memoria y descifrar las funciones del cerebro humano —todo lo que tenga que ver en cómo lidiamos con los desórdenes cognitivos.

El campo de la psicología cognitiva es un área de constante crecimiento que pretende contribuir a nuestro conocimiento de los muchos efectos que tienen los procesos mentales en nuestra salud y en nuestra vida diaria. Al entender que los procesos cognitivos se modifican a través del desarrollo infantil y ver cómo la mente convierte los factores sensoriales en experiencias, la psicología cognitiva nos ha ayudado a obtener un entendimiento más rico y profundo de los muchos eventos psicológicos que hacen parte de nuestra existencia diaria y de nuestro bienestar en general.

Hechos fascinantes acerca de la psicología humana.

El cerebro humano es un órgano poderoso y muy interesantes, pero es un proceso que aún estudiamos para entender por qué hace lo que hace. Tanto la conciencia como la inconsciencia tienen un impacto significante en nuestras acciones, pero pocos de nosotros comprenden cómo funcionan.

Aunque sea algo propio de cada uno, siempre culpamos las acciones de un individuo de acuerdo al temperamento que tenga.

¿Te ha pasado alguna vez que alguien te ha interrumpido en una rotonda o iterseccion, y eso te haya enloquecido, y que a los diez minutos tú le hayas hecho lo mismo a otra persona? Aunque te hayas enfadado con la persona que te ha interrumpido, tú, cuando haces los mismo te justificas diciendo: «Estoy apurado, lo haré solo esta vez ». Tendemos a atribuir nuestro mal comportamiento a factores externos, y el mal comportamiento de los demás a sus atributos internos.

Solemos no predecir muy bien nuestras reacciones ante eventos futuros.

Siempre pensamos que actuaremos de cierto modo ante un evento, pero cuando el evento tiene lugar, vemos que las cosas suceden de una forma totalmente diferente a la que nos habíamos imaginado. Solemos depositar la confianza en la habilidad de un hecho común y corriente para modificar todo, pero nos damos cuenta de que cambiar la forma en que nos sentimos no hace el gran cambio.

Por lo general, nuestros recuerdos más fuertes son los correctos.

Aveces sentimos que los recuerdos de eventos traumáticos que nos «consumen » se quedarán en nuestra mente para siempre (conocidos como «destellos de memoria»). Los estudios han revelado que cuanto más imprecisa es la memoria, más fuerte ha sido el estado emocional durante ese determinado evento.

Podemos mantener un alto nivel de concentración durante tan solo 10 minutos.

¿Piensas que puedes concentrarte en una tarea por más de 10 minutos? Los estudios revelan todo lo contrario. En promedio, después de 10 minutos, la concentración de una persona se acaba y comienza a distraerse.

Nuestro cerebro se distrae el 30% del día.

En promedio, nos pasamos cerca del 30% del día soñando despiertos (aunque algunas personas superan ese porcentaje). El lado positivo de esta cuestión es que los expertos señalan que las personas que tienden a «soñar despiertos» son mejores a la hora de resolver los desafíos y son más imaginativos.

¡Hacer muchas tareas a la vez es imposible para los humanos!

Quizás hayas escuchado que algunas personas pretenden ser profesionales al momento de hacer muchas tareas a la vez y en algunos requisitos laborales tal vez lo hayas visto, pero los seres humanos no pueden lograr tal cosa. Sí, mientras estás ocupado puedes escuchar música pero tu mente solo podrá llevar a cabo una tarea a la vez. Eso significa que te pondrás a investigar y te olvidarás de la música, o escucharás la música y abandonarás el trabajo. Simplemente, las personas no pueden pensar en dos cosas a la vez y menos de inmediato.

La mayoría de las decisiones que tomas lo haces de manera subconciente.

De seguro piensas que todas las decisiones que tomas, teniendo en cuenta todas las alternativas, cuantifica el impacto de cada resultado. Si es que piensas así, estás en lo correcto. La mayoría de las decisiones que tomas se encuentran en tu inconsciente porque de lo contrario tu consciente se abrumaría con tanta información y mentalmente estarías paralizado. Eso se debe a que la mente absorbe 11 millones de porciones informativas por segundo y no hay suficiente «capacidad intelectual »que lo soporte.

Podemos almacenar solo de 5 a 9 porciones informativas por vez.

En relación a la memoria de corto plazo, el ser humano tiene un promedio de retención de 7 porciones informativas. Muchas partes importantes de los datos consisten en cada una de las 7 porciones informativas. Recordar un número telefónico es un buen ejemplo: el mismo puede tener entre 9 y 14 números, pero nosotros lo dividimos en secciones, como ser el código del país, el código de área y el restante de números lo volvemos a dividir (por lo general en grupos de 3 o 4 números).

Creemos que es facil influenciar a otras personas.

A veces vemos cómo la influencia del marketing llega de manera tan sencilla a los demás pero esos efectos no son lo mismos en nosotros. A esto se lo define como «Efecto tercera persona ». Aquí se observa cómo es el impacto de un comercial en nuestros colegas pero se ignora ese mismo impacto en nosotros y es aún peor cuando dicho comercial no es de nuestro interés. Quizás aún no lo hayas notado, pero todos los comerciales que vez día a día tienen una influencia inconsciente tanto en tu humor como en tus expectativas, incluso en tu actitud.

Cuando duermes, tu cerebro no deja de trabajar.

Mientras duermes, tu cerebro se encuentra activo de la misma forma que cuando estás despierto. Los científicos han descubierto que cuando descansas es el único momento en el que el cerebro filtra las toxinas y los desechos. Se presume que la mente puede administrar toda la información recibida durante el día y generar nueva memoria durante el ciclo de sueño.

Te vuelves más creativo cuando estás cansado.

Cuando quieras hacer algo artístico, como inventar un cuento o diseñar un atuendo, después de haber tenido un día largo y estresante, te desempeñarás mucho mejor. Esto se debe al descubrimiento de los investigadores quienes revelaron que cuando la mente no trabaja del todo bien, las personas se vuelven más innovadoras. Esta es una de las principales razones por las que, después de haber tenido un día laboral difícil, a las personas le surgen grandiosas ideas mientras toman una ducha.

El cerebro puede sentir dolor físico ante un rechazo.

En algún punto de nuestras vidas, hemos sentido un gran dolor al rechazo, pero, ¿sabías que tal rechazo no solo provoca dolor emocional sino que también un dolor físico? Incluso si no sientes el dolor físico, los científicos han descubierto que después de ser rechazados y sintiendo el dolor físico, los impulsos y los eventos en cascadas que ocurren en el cerebro son casi similares. Además, en ambos casos, el mismo químico natural también se libera.

Las relaciones son tan importante como seguir una dieta o hacer ejercicios.

Los estudios llevados a cabo en la Universidad de Carolina del Norte en Chapel Hill han descubierto recientemente que la calidad y la magnitud de las ataduras sociales de una persona afecta directamente a ciertos comportamientos en materia de salud, como la diabetes y la obesidad, y en varios puntos de nuestras vidas. De manera similar, los estudios han demostrado que ser muy solitarios puede reducir tu esperanza de vida considerablemente.

Es muy probable que las personas inteligentes piensen que no lo son.

Un fenómeno conocido como Efecto Dunning-Kruger no solo revela que las personas inteligentes tienden a subestimarse a sí mismos más de lo que deberían, sino también que las personas ignorantes prefieren sobrestimarse a sí mismas.

Las decisiones las tomas de manera más lógicas si hablas en un idioma extranjero.

Una serie de experimentos llevados a cabo por Boaz Keysar de la Universidad de Chicago demostraron que hablar en otro idoma disminuye la intromisión de estereotipos engañosos y arraigados, los cuales se creen distorsionan la interpretación de los beneficios y desventajas.

colorize-it.com

Estudios psicológicos que cambiarán la forma en que piensas sobre ti mismo

¿Por qué hacemos lo que hacemos? El hecho es que, a pesar de nuestros mejores intentos para aprender mediante

«nosotros mismos », aún conocemos muy poco acerca de nuestras mentes, e incluso menos sobre cómo se sienten los demás. Así como Charles Dickens lo expresó una vez: «Una realidad maravillosa para vivir, en la que cada ser humano es constituido para ser ese misterio y ese secreto oscuro para los demás ». Los psicólogos han hecho extensas investigaciones sobre cómo percibimos el mundo y qué motiva a nuestro comportamiento, y han dado grandes pazos para elevar la cortina de misterio. Algunos de los experimentos psicológicos más famosos del siglo pasado, aparte de ofrecer contenido para discusiones multipartidistas, ofrecen hechos fundamentales y hasta aveces impactantes sobre la naturaleza humana. Aquí te ofrecemos diez clásicos estudios psicológicos que pueden mejorar tu autocomprensión.

Todos tenemos el poder de hacer el bien.

El experimento de la cárcel de Stanford en 1971, conocido como el experimento psicológico más famoso, se enfocó en cómo la situación social podía afectar al comportamiento humano. Los investigadores, liderados por el psicólogo Philip Zimbardo, habían montado una prisión ficticia en el sótano del edificio de psiquiatría en Stanford; allí seleccionaron a 24 estudiantes de grado (sin antecedentes penales y considerados saludables psicológicamente) para actuar como prisioneros y guardias. Los investigadores utilizaron cámaras ocultas para observar a los prisioneros quienes debían permanecer 24 horas al día en las celdas, y a los guardias quienes se dividían turnos de ocho horas.

El experimento, el cual fue planeado para que durara dos semanas, debió ser suspendido después de tan solo seis días a causa del comportamiento violento de los guardias —en algunas situaciones suministraban tortura psicológicas— y los prisioneros demostraban ansiedad y estrés emocional extremos.

«Los guardias intensificaron las agresiones contra los prisioneros: los hacían desnudarse, les cubrían las cabezas con bolsas y los hacían participar de actividades sexuales cada vez más humillantes», expresó Zimbardo a un científico de América.

No nos damos cuenta de lo que realmente está bien.

¿Piensas que sabes todo lo que sucede a tu alrededor? Quizás no estés tan al tanto como piensas. En 1998 los investigadores de la Universidad estatal de Kent y de Harvard se aproximaron a varios turistas en las instalaciones de una facultad para comprobar cuántas de esas personas notaban de esa aproximación tan inmediata. Durante esa prueba una actor se acercó a un peatón y le preguntó por algunas direcciones. Otro dos actores que llevaban una puerta de madera pasaron entre el actor y el peatón, obstruyendo así la vista entre ambos por varios segundos.

Durante ese momento, otro actor, quien tenia una estructura y peso diferente al anterior, con una vestimenta, apariencia y estilo diferentes, reemplazó al primer actor. Dicho reemplazo fue casi imperceptible por la mayoría de los participantes.

Este experimento fue uno de los primeros en explicar el

«efecto de ceguera inatencional », el cual demuestra cuán selectivos somos en relación a lo que captamos en un ambiente visual en particular —pareciera ser que confiamos considerablemente más de lo que somos capaces de retener con la memoria y el reconocimiento de formas.

Es dificil retrazar la satisfacción, pero cuando lo hacemos somos más eficaces.

Un famoso experimento de Stanford llevado a cabo a fines de la década del 60 estudió la habilidad que tienen los niños en prescolar para resistir al encanto de la gratificación instánea —y arrojó profundos conocimientos respecto a la fuerza de voluntad y disciplina. En este studio, dejaron a niños de 4 años solos en una habitación y con un malvavisco frente a ellos. Se les dijo que podían comer la golosina en ese momento pero que si esperaban 15 minutos a que el científico volviera, les darían dos malvaviscos.

Mientras que la mayoría de los niños dijeron que esperarían, a algunos de ellos les costó resistirse y se rindieron; comieron el obsequio antes de que el investigador regresara, informó TIME. Los niños que sí resistieron durante los 15 minutos utilizaron la técnica de la negación, girando sus rostros o cubriéndoselos. Los efectos del comportamiento de los niños fueron significativos: quienes prefirieron demorar su recompenza fueron aquellos menos propensos a padecer obesidad, adicciones a narcóticos o tener problemas de conductas en su adolescencia. Son quienes, en un futuro, tendrán más exitos en su vida.

Podemos experimentar impulsos morales sumamente conflictivos.

Un famoso experimento de 1961 liderado por el psicólogo Stanley Milgram de Yale (sumamente alarmante) medía cuán fuerte era la obediencia de un individuo frente a una autoridad cuando esta última les ordenaba herirse unos a otros; además, también medía el fuerte conflicto interno entre la moral personal y el hecho de tener que obedecer a la autoridad.

Milgram quería experimentar y ofrecer un entendimiento de cómo, durante el Holocausto, los criminales nazis habían perpetuado actos atroces. Para hacer eso, él examinó a un par de personas, uno de ellos considerado el «instructor »y otro el «aprendíz ». Al profesor se le ordenó que le administrara descarga eléctrica al aprendíz (quien estaba sentado en otra habitación y no recibía las descargas eléctricas) cada vez que respondía erróneamente. Luego, Milgram reproducía cintas (grabadas anteriormente) con gritos y lamentos de los supuestos aprendices, y si el sujeto «profesor »expresaba el deseo de irse, el investigador lo incitaba a que continaura allí.

El 65% de los participantes recibieron una intensa descarga eléctrica de 450 voltios (etiquetada como XXX) durante la primer prueba, aunque muchos de los «profesores »se encontraban notablemente nerviosos y descontentos por haber hecho eso.

Mientras que los investigadores habían visto a este experimento como un signo de obediencia ciega a la autoridad, fue recientemente revisado por un científico de América y sugirió que las conclusiones tienden a inclinarse más hacia un profundo desacuerdo moral.

«La esencia de la moral humana requiere de una tendencia para ser empática y amable para con nuestros familiares y miembros de un grupo, además de una tendencia para ser xenófobo, cruel y malvado con las demás tribus», escribió el columnista Michael Shermer. «Las pruebas con descargas eléctricas no demuestra la obediencia ciega, sino impulsos de conductas contradictorias que existen en lo profundo del ser humano». Recientemente, algunos críticos juzgaron los métodos de Milgram, y un analista notó que los informes del experimento de Yale indicaron que el 60% de los participantes, según consta, desobedecieron la orden de suministrar las dosis de descargas eléctricas más altas.

Por medio de la energía se los puede corrumpir fácilmente.

Existe una razón psicólogica por la que aquellos quienes controlan su temperamento suelen tener un comportamiento con superioridad de derechos y resentimiento a las demás personas. Un estudio publicado en la revista Psychological Review en 2003 realizó lo siguiente: reunió a estudiantes en grupos de tres y se les pidió que escribieran un pequeño ensayo. Dos de ellos debían escribir mientras el tercero debía revisar la redacción y determinar cuánto se le pagaría a cada uno de los dos estudiantes. Un científico sostenía una bandeja con cinco galletas entre los estudiantes. Aunque la última galleta por lo general nadie la comía, el «jefe» casi siempre se comía la cuarta galleta (siempre de forma descuidada, con la boca abierta).

Mientras que los científicos fortalecen a las personas con experimentos, ellos pueden manosear de manera inapropiada a los demás, conversar abiertamente, tomar decisiones o realizar juegos provocativos, tener privilegios en los acuerdos, decir lo que piensan, y comer galletas como el Mounstruo de las Galletas, con migajas por toda sus barbillas y cuellos.

Salimos a la búsqueda de lealtad en grupos sociales pero somos atraídos fácilmente a conflictos intergrupales.

Este clásico experimento dentro de la psicología social en la década del 50 dilucidó posibles bases psicológicas de por qué los grupos sociales y países entran en conflictos unos con otros — y cómo aprenden a cooperar nuevamente.

El líder del experimento, Muzafer Sherif reunió a dos equipos de 11 niños (todos de 11 años) en el parque Robbers Cave State Park en Oklahoma para un «campamento de verano ». Los grupos (llamados «Águila »y «Cascabel ») pasaron una semana apartados; la pasaron bien, entablaron amistades uno con otros, sin saber de la presencia del otro grupo. Después de juntar a los dos equipos los niños empezaron a insultarse y cuando empezaron a competir endiferentes juegos hubo aún más tensión y de a poco los grupos se rehusaban a comer juntos.

Para la siguiente etapa de la investigación Sherif había planeado incluir confrontaciones para comprobar a los niños y para eso desarrolló actividades recreativas para que las disfrutaran todos juntos (lo cual no tuvo éxito); luego se les ayudaba a resolver un problema juntos lo que con el tiempo sí ayudó a aliviar la tensión.

Necesitamos sentirnos satisfechos con al menos una cosa.

El Grant Study de Harvard que ya cuenta con 75 años —uno de los studios más longitudinales de la historia— fue llevado a llevado a cabo por 75 años. Se realizó un seguimiento a

268 estudiantes masculinos de Harvard nacidos entre 1938 y 1940 (ahora ya con 90 años) a quienes se les solicitó datos de varios aspectos de su vida cotidiana. ¿El fin del mundo? Temas del amor, al menos en lo que a tema de felicidad a largo plazo y satisfacción refiere.

El director que estuvo a cargo de este experimento durante más tiempo, el psicólogo George Vaillant, contó al periódico Huffington Post que existen dos bases para la felicidad:

«Una es el amor. La otra es encontrar una forma de sobrellevar una vida en donde el amor no se desvanezca ». Por ejemplo, uno de los estudiantes comenzó a estudiar pero tenia la calificación más baja como para tener un futuro estable, incluso había intentado suicidarse anteriormente. Pero hoy en día es una de las personas más felices. ¿Cuál es la razón? Como Vaillant explica: «Él ha buscado el amor que le durara toda la vida ».

Los seres humanos progresamos cuando tenemos una fuerte autoestima y un buen estatus social.

De acuerdo al infame análisis de los ganadores de los Oscar, ganar fama y éxito no solamente aumenta el ego —también puede ser el camino hacia la longevidad. Los investigadores de Sunnybrook y de la Universidad para mujeres (Women's college), centros de ciencias de la salud de Toronto, fundamentan que los actores y directores ganadores de los premios de la Academia tienden a vivir más que aquellos quienes fueron nominados y perdieron, ya que sufren su pérdida por al menos cuatro años.

Siempre tratamos de justificar nuestras experiencias, y que tengan sentido para nosotros.

Cualquiera que haya cursado psicología nivel 101 es familiar con la discordancia cognitiva, un concepto que se enfoca en las presunciones contradictorias discordantes y mutuas con las cuales el ser humano tiene una tendencia natural para escapar de los conflictos emocionales. El psicólogo Leon Festinger pidió a los participantes que realizaran tareas aburridas por una hora, como atornillar clavijas en un picaporte en un experimento muy conocido del año 1959. Luego, se les pagaba a los voluntarios del experimento $1 o $20 para afirmar al «detective »(alias el investigador) que la tarea era muy importante. Aquellos a quienes le pagaron $1 por mentir fundamentaron que las actividades fueron más divertidas que aquellos a quienes se les pagó $20. ¿Cómo terminaron? Aquellos a quienes se les pagó más sentían que tenían razones suficientes para hacer la tarea de memoria por una hora, pero aquellos a quienes se les pagó tan solo $1 sentían que debían explicar su tiempo perdido (lo que reducía el nivel de discordancia en sus creencias y comportamiento) al decir que el ejercicio fue plancentero. En otras palabras, mentían para hacer que el mundo se viera más racional y armonioso.

Cómo estudiar el comportamiento humano

A muchos le fascina estudiar el comportamiento de las personas. ¿Por qué hacemos algo de tal manera?; ¿Qué cosas afectan y cómo determinamos nuestro comporamiento?; ¿Y por qué es tan dificil cambiar la conducta?

En este artículo describimos varias teorias sobre el comportamiento como así también las maneras de medir la conducta del ser humano. Al fin y al cabo, ellos abordan campos de investigación sobre cómo el comportamiento humano, como ser el cuidado de la salud, la educación y el consumo de mercado juegan un papel central.

Perspectivas del comportamiento: ambiente influenciado por famosos filósofos, como John B. Watson y B.F Skinner. Entre 1920 y 1950 la psicología conductual se volvió muy popular. El conductismo ofrece una forma sistemática para estudiar el comportamiento humano con un enfoque en el comportamiento observable y no tanto en los estados mentales.

Los conductistas creen que el comportamiento se aprende mediante el contacto con nuestro entorno y que por medio de la repetición se adquieren todas las acciones. El condicionamiento clásico y operacional son dos de los principios claves utilizados en la conducta moderna.

Algo nuevo se combina con algo que ocurre por naturaleza en el condicionamiento clásico. El nuevo estímulo, después de un momento, provoca la misma respuesta de un estímulo inicial desencadenando una nueva conexión. Un ejemplo muy conocido de este principio se puede encontrar en la investigación de Ivan Pavlov.

¿Qué es el condicionamiento moderno?

En su experimento con animales, Pavlov sumó el sonido de una campana (estímulo nuevo) al momento de la comida (estímulo que se da por naturaleza). Al final, cuando los perros escuchaban la campana, incluso sin que la comida estuviera presente (relación nueva), comenzaban a babar. Ahora observa: han aprendido un nuevo comportamiento.

¿Cuál es la inclinación del director?

El segundo principio del aprendizaje, el codicionamiento operacional, describe cómo las consecuencias que moldean nuestro comportamiento. En particular, establece que las recompensas y los castigos pueden repercutir en la probabilidad de que esa conducta vuelva a repetirse.

Esto se trata de cómo regañas a tu niña cuando ella no come la comida o cuando es irrespetuosa con su papá; quizás le quitas su juguete favorito. Le ofreces un castigo en ambas situaciones. Por lo tanto, lo que probablemente sucederá la próxima vez es que ella comerá todas las verduras y pensará dos veces en volver a molestar a su hermano.

La forma en la que el comportamiento humano es moldeado se explica mediante estos métodos. Los críticos argumentan que, sin embargo, ese comportamiento no tiene en cuenta factores importantes como el libre alberdío, causas sociales y otras formas de entrenamiento. Discutiremos sobre otras dos hipótesis en la siguiente sección.

Teoría del aprendizaje social: se sabe que el concepto de aprendizaje social fue presentado por Albert Bandura en la década del 70 y fue quien sostuvo que prepararse solo no compensará todas las acciones. La teoría del aprendizaje social sugiere que las personas aprenden al observar a otras de su entorno.

Tal aprendizaje de percepción se da no solo cuando se observa a otra persona, sino cuando se escuchan las explicaciones de una acción y se observa modelos visuales.

Esto nos ofrece muchas oportunidades de aprendizaje desde muy temprana edad.

Lo más importante es que la teoría del aprendizaje social enfatiza los estados mentales como la motivación o los pensamientos, los cuales también influencian al comportamiento.

Otra diferencia con el conductismo es que el observador no necesariamente presenta presenta cambios permanentes en su conducta. En otras palabras, al no dar señales de nuevos comportamientos, las personas pueden aprender información nueva.

Hasta ahora, mediante las experiencias y observaciones hemos descubierto que el comportamiento humano puede tener influencias. La Toería del marco relacional describe un tercer método dentro del aprendizaje del comportamiento.

¿Por qué cuesta cambiar el comportamiento?

Por experiencia personal debes saber cuán dificil es cambiar las actividades. Quizás hayas intentado hacer más ejercicios o comer comida más saludable pero a la semana has vuelto a tus hábitos viejos.

¿Por qué es tan dificil cambiar el comportamiento?; ¿Qué puedes hacer para tener éxitos de todas formas?

Primero, es importante saber que los mecanismos subconscientes controlan casi el 95% de nuestras acciones. Para ser conscientes de todas nuestras acciones se requiere de mucha energía mental. Por lo tanto, la mayor parte de esto tiene que ver con nuestra rutina... nuestra rutina.

Segundo, el conductismo nos ha enseñado que nuestras acciones son influenciadas por el mundo mediante las interacciones y los resultados. Por lo tanto, hechemos un vistazo a las consecuencias que tiene el comportamiento que deseamos cambiar.

Piensa, por ejemplo, en que quieres trabajar más tiempo afuera, volviendo a nuestro ejemplo anterior. ¿Cuáles son las consecuencias de este comportamiento? Más poder, un cutis perfecto y un cuerpo esbelto. Suena bien, pero necesitas salir de casa, trabajar duro y perderte de un sofá acogedor por varias horas al día.

¿Notas la diferencia? principalmente el momento en que se dan estas consecuencias. Las desagradables se dan de inmediato mientras que para experimentar las consecuencias placenteras de tu comportamiento debes perseverar semanas o incluso meses.

Si las consecuencias determinan nuestras acciones entonces no sería muy impactante que durante mucho tiempo las teorías y las motivaciones inmediatas y reales prevalezcan. Y si no conocemos el 95% de nuestro comportamiento,

¿cómo podemos pretender cambiarlo? Por fortuna, también podemos tomar ventaja de estos principios. Cambio de comportamiento Una forma muy poderosa para hacer uso de nuestros hábitos inconscientes es mediante un patrón de acumulación. Esto significa que tomes un patrón establecido y lo apliques al nuevo comportamiento. En primer lugar, cuando olvidas tomar tus medicamentos con regularidad, formularás esta acción como parte de una rutina que ya te la sabes a la perfección, como la de cepillarte los dientes por las mañanas.

Sentirás que te apegas a este hábito como si hicieras una nueva acción, como parte de una rutina establecida. Lo bueno de esto es que una vez que el nuevo comportamiento se vuelve un hábito, puedes incorporar varios comportamientos nuevos.

El poder de las consecuencias: también puedes emplear el poder de las consecuencias creando formas para que las consecuencias a corto plazo de tu comportamiento deseado sean más positivas mientras que las consecuencias de postergación se vuelvan más costosas.

Por ejemplo, cada vez que comes una comida saludable te puedes «premiar » a ti mismo. El hecho de elogiarte por ir en la dirección correcta puede hacer la diferencia y podrás ver los beneficios a largo plazo en tu comportamiento. Y si quieres hacer que las consecuencias de postergaciones se vuelvan más costosas puedes intentar juntarte con un colega, hacer públicas tus intenciones o apuestas costosas en tu conducta.

Cambiar tu entorno

Puedes dar un gran paso para cambiar tu entorno. Si tu televisión está encendida y tu ropa de deporte está en el ático es más fácil recostarte en el sofá que hacer ejercicios. Entonces, lo que debes hacer es desconectar la televisión y tener en mente todo lo que necesitas antes de comenzar a ejercitarte.

Principios como los mencionados anteriormente también se utilizan en la terapia conductual (cognitiva). Las conductas, como ser la ansiedad, la depresión, las adicciones y otros desórdenes mentales se discuten y se modifican poco a poco con la ayuda de un terapeuta. La medición precisa y las investigaciones de los comportamientos en curso son esenciales para ofrecer el mejor cuidado posible a las personas.

Investigación cualitativa frente a investigación cuantitativa

Existen muchos tipos de herramientas disponibles para estudiar el comportamiento humano. Estos métodos se dividen en medidas cualitativas y medidas cuantitativas.

¿Qué es la investigación cualitativa?

Mediante la investigación de razones, creencias y motivos subyacentes, las pruebas empíricas ayudan a los científicos a entender el comportamiento humano a un nivel más profundo. Son muy útiles para comprender el contexto de este fenómeno y cómo afecta a los individuos y a los grupos. Los detalles se basan en comprender el «por qué »y «cómo »las personas actúan de la forma en que lo hacen.

Herramientas para evaluar los datos cualitativos

El prototipo es típicamente pequeño en este tipo de investigación ya que es un tema muy arduo. Por ejemplo, las técnicas para evaluar los datos cualitativos incluyen entrevistas detalladas, encuestas a grupos determinados, descubrimientos y cuestionarios desestructurados con preguntas que tengan finales abiertos. La investigación cualitativa se lleva a cabo preferiblemente en un scenario natural.

¿Qué funciona en los términos cuantitativos?

Las mediciones cuantitativas, por otro lado, se utiliza para calcular las actitudes, creencias, datos, hábitos y otras variables específicas y para generalizar los resultados de un ejemplo más grande (para lo cual se utiliza una población). Se utilizan preguntas como «¿Cuánto cuesta?; ¿Cón qué frecuencia?; ¿Cuánto cuesta? », cuyas respuestas se dan mediante números. Los datos recolectados se interpretan sistemáticamente. Los métodos para realizar dicha recolección son, por ejemplo, las entrevistas, los cuestionarios estandarizados o las encuestas en líneas con preguntas cerradas.

Combinación de datos cualitativos y cuantitativos

Descubrir la verdad es el propósito fundamental de la investigación. Aún cuando, «solo sacas conjeturas sin tener datos de buena fuente ». La combinación de los datos cualitativos con los cuantitativos ofrecerá a los investigadores información detallada de ciertos comportamientos y los diferentes aspectos de estos. Los métodos se complementan y se atenúan los defectos entre sí.

Observación

Las observaciones presentan una parte muy importante en el studio del comportamiento humano. ¿Qué mejor manera de estudiar el comportamiento de alguien que observando a esa persona?; ¿De que forma se comunica el participante de tu experimento con un bebé, con un cliente o con una computadora?

Investigación observacional

La investigación observacional, por lo general, se lleva a cabo en la casa, en el lugar de trabajo o en un laboratorio de observación especialmente asignado. Sin dudas, este útlimo es la mejor manera de observar el verdadero comportamiento de alguien ya que puedes observar cada movimiento de tu participante a través de un vidrio de visión unilateral sin que él/ella note tu presencia en la habitación.

Con la ayuda del robot Observer XT se pueden anotar e interpretar todas las actividades de interés, lo que permite la medición de los datos contextuales.

Las grabaciones visuales también son un buen método para estudiar el comportamiento humano. Las grabaciones amplian considerablemente la magnitud de cualquier proyecto de investigación. Los registros de imágenes te ayudarán a proveer explicaciones precisas de las acciones. La visión es la solución ideal para los videos de alta resolución y las grabaciones de audio de alta calidad que se utilizan en mútiples habitaciones los cuales ofrecen entendimiento de los procedimientos, el desempeño humano y la interacción.

Mediciones fisiológicas

Mientras que tu participante de prueba puede parecer tranquilo, quizás él/ella puede estar ocultando un significativo nivel de estrés. Puedes combinar el comportamiento de codificación con mediciones psicológicas adquiridas y con un sistema de adquisición de datos para revelar el nivel de estrés que padece el participante.

Mientras recolectas datos observacionales también puedes obtener, a la vez, datos psicológicos como ser el electroencefalograma (EEG), electrocardiograma (ECG), electromiograma (EMG), presión sanguínea, comportamiento de la piel y expresiones faciales. Por ejemplo, la conducta de la piel es una técnica utilizada como indicador de la excitación emocional y fisiológica para medir la conductancia eléctrica de la piel. El electroencefalograma permite que la activación neuronal sea incluida durante el studio mientras que el FaceReader detecta las emociones faciales. Estas mediciones permiten estudiar la interacción entre la fisiología y el comportamiento, lo cual es provocado por eventos externos.

Medidas implícitas

Aunque los cuestionarios pueden ser útiles para conocer las opiniones, los rasgos de la personalidad o problemas de salud (mental) de las personas, también tienen sus limitaciones.

Otro tema importante es que las personas pueden ser parciales en sus respuestas. Los seres humanos solemos brindar respuestas que la socidad quiere escuchar, somos influenciados por un entorno experimental, razón por la cual respondemos de tal o cual manera a todas las preguntas (por lo general intenso y negativo, a menudo «sí » o «no »).

No siempre entendemos lo que hacemos, hacemos y hacemos. Casi el 95% de nuestras acciones son llevadas a cabo inconsciente y automáticamente, tal y como lo mencionamos anteriormente en este artículo. Quizás hasta desconazcamos ciertas cosas de nosotros mismos.

Ciertos estudios han construido métodos para recolectar nuestros pensamientos, sentimientos y acciones inconscientes (con estas carencias en mente). Estas evaluaciones implícitas pretenden que los individuos respondan a diferentes estímulos de manera apresurada. Las variaciones en el tiempo de reacción refleja cómo pensamos sobre ciertas cuestiones.

Trastorno mental: para llevar a cabo una buena prevención y tratamiento del trastorno mental es importante comprender la naturaleza humana.

Se define a los trastronos mentales como una mezcla de pensamientos, emociones y comportamientos extraños. Millones de personas en todo el mundo sufren de estos trastornos, como depresión, adicción, ansiedad y demencia.

Además de varios efectos conductuales y emocionales, las personas con trastornos también suelen tener dificultades en la escuela, en el empleo y en la vida familiar.

Comprender los trastornos mentales

Los estudios juegan un papel muy importante al momento de ofrecer explicaciones detalladas de estas condiciones que tienen esta variedad de síntomas y factores contribuyentes.

Aprendizaje y capacitación

La educación trata de que los estudiantes adquieran conocimientos de su realidad, sus cosas, su moral, sus visiones, sus ideas básicas, sus ideales, etc. Además, aparte de aprender, la educación también es una forma de adquirir habilidades. La educación se basa en una dedicación práctica para lo que es necesario contar con experiencia práctica o ayudar a las personas a implementar un nuevo programa, a desarrollar una habilidad en particular o a estimular su potencial en algo.

La educación y la capacitación quizás tengan lugar en varios campos y escenarios diferentes, como en las escuelas y laboratorios de experimentos. Esta teoría se podría poner en práctica dentro de un ambiente controlado y seguro.

Conclusión

Comprender la naturaleza humana mediante la conexión de elementos

A causa de que los sueños se dan en forma de señales, el sueño que tiene Brian, el de perder su coche, es tan solo un reflejo del verdadero temor que tiene él a perder su condición social. En otras palabras, esa visión refleja que Brian está preocupado en perder su rango y su fama. (Fíjate qué significados tienen tus sueños). Debido a que el inconsciente solo piensa mediante el uso de símbolos y la lógica es totalmente ignorada durante esta operación, el cerebro de Brian lo llevó a desarrollar ese trastorno obsesivo compulsivo y todo a causa de su gran preocupación de perder su estado social.

Es decir, Brian desarrolló ese trastorno porque tenía mucho temor a perder su condición social y el hecho de chequear siempre que su coche estuviera cerrado o no reflejaba su temor a perder realmente su automóvil y volverse pobre.

De esta manera es como se intenta interpretar el comportamiento humano al tratar de comprenderlo: se analizan todos los objetos que están en el proceso; nunca se investiga un único artículo.

Si una mujer le teme a los gatos, entonces, debes intentar observar otros aspectos de su vida en lugar de pensar automáticamente que dicha experiencia traumática con los gatos se remonta a su juventud.

¿Podría este temor a los gatos representar otros temores que sufre esa mujer?

¿La expondrá su baja autoestima, dentro de su inconsciente, a la presencia de otras personas representadas en forma de gatos?

Por supuesto que sí. Y con esto no te estoy diciendo que te bases en el ejemplo anterior y digas que todas las personas que tienen temor a perder su estado social padecen un trastorno mental, o que toda mujer que le teme a los gatos tiene baja autoestima, en lugar de eso, te pido que mires más profundamente y comiences a comprender mejor las acciones del ser humano.

¿Por qué es importante el pensamiento crítico?

Las mejores habilidades del pensamiento crítico sacan a relucir cambios positivos en tu vida, y todo esto con tan solo mejorar la calidad de tus pensamientos y decisiones. Aprende cómo hacerlo.

No es una exageración decir que la calidad de tu vida depende mayormente del valor que le das a tus elecciones.

Sorprendentemente, cada día, una persona promedio toma ¡35 000 deciciones conscientes!

Imaginate cuán mejor sería la vida si existiese una herramienta que te dijera cuáles serían las mejores decisiones que deberías tomar día tras día.

Pues bien, esa herramienta sí existe y se llama pensamiento crítico.

Entrenar para desarrollar las habilidades del pensamiento crítico puede tener un profundo impacto en casi todos los aspectos de tu vida.

Principales beneficios al desarrollar el pensamiento crítico

Si tienes pensamiento crítico en al menos un área de tu vida puede hacer la diferencia entre el éxito o el fracaso.

El cerebro humano tiene defectos, es vulnerable a la irracionalidad, a la exageración, a las preferencias y a la discriminación intelectual.

Las preferencias cognitivas tienen un patrón de pensamiento sistemático e irracional.

Aunque el número de preferencia cognitivas varían, ¡Wikipedia enumera más de 150! Por dar un ejemplo.

Algunas de las preferencias más famosas incluyen los pensamientos catastróficos, el sesgo de confirmación y el miedo a perderse algo (Síndrome FOMO).

El pensamiento crítico te ayudará a que puedas ir más allá de los límites del pensamiento emocional.

Aquí te brindamos algunos de los beneficios más importantes del pensamiento crítico para que lo apliques en tu vida .

1. El pensamiento crítico es la clave para tu éxito profesional

El pensamiento crítico puede ser algo indispensable en muchas áreas.

Este pensamiento es utilizado con frecuencia por abogados, anlístas financieros, contadores, médicos, ingenieros, periodistas y científicos de todo tipo.

Además, el pensamiento crítico es una habilidad establecida en un gran número de carreras y el cual se vuelve cada vez más valioso.

Este tipo de pensamiento te ayudará en cualquier profesión, ya sea para analizar la información, resolver problemas de forma sistemática, crear soluciones innovadoras, realizar planes estretégicos, pensar de forma creativa, o presentar tus trabajos o ideas a los demás de una manera que sea fácil de entender.

El pensamiento crítico y la solución de problemas (complejos) son dos de las cualidades más demandadas por los jefes, según el Foro Económico Mundial.

El pensamiento crítico es un conjunto de habilidades estratégicas y blandas —características importantes que se necesitan para triunfar junto a los demás trabajadores.

Algunas de las habilidades blandas son: la resolución de problemas, la imaginación, la habilidad para comunicarse y presentarse y la alfabetización electrónica.

Este pensamiento también te puede ayudar a desarrollar las habilidades blandas restantes.

Perfeccionar tu pensamiento crítico te ayudará a conseguir un empleo. Muchos candidatos se hacían las mismas preguntas que tú y hoy en día pueden demostrarte qué tan bien les hizo pensar de manera objetiva.

Esto también puede motivarte a que siempre te distingas en tu vida, ya que ser un pensador crítico es un fuerte indicador de éxito a largo plazo.

2. Los pensadores críticos toman mejores decisiones

Tomas miles de decisiones cada día.

La mayoría de ellas son hechas de manera inconsciente, y otras, como ser qué zapatos te pondrás, no requieren de mucho pensamiento.

Pero la mayoría de las decisiones importantes que tomas pueden ser difíciles y requieren de mucho pensamiento, como por ejemplo en qué momento cambiar de carrera, mudarse a otra ciudad, comprar una casa, casarse o tener hijos.

Quizás debas tomar decisiones en el trabajo las cuales podrían cambiar el curso de tu vida o la de los demás.

El pensamiento crítico te ayuda a lidiar con los problemas diarios que pueden surgir.

Esto fomenta el pensamiento independiente y refuerza tu «detector de mentiras» interno. Esto te ayuda a que tomes consciencia de la abundante cantidad de datos e información disponibles que tienes, lo cual te hará sentir un consumidor más inteligente y menos propenso a ser tentado por una publicidad, por la presión social o caer en las estafas.

3. El pensamiento crítico te puede hacer más feliz

Entender y conocerte a tí mismo es un camino que te puede llevar a la felicidad, pero se lo subestima mucho.

Hemos visto cómo la calidad de tu vida depende, en gran parte, del valor que tienen tus decisiones, pero la calidad de tu pensamiento es igual de importante.

El pensamiento crítico es una buena herramienta que ayuda a entenderte mejor a tí mismo y que puedas aprender a cómo mejorar tus pensamientos.

Este pensamiento te puede ayudar a que te liberes de las preferencias cognitivas y de los pensamientos cínicos; también reestringe los valores que te reprimen en ciertas áreas de tu vida.

El pensamiento crítico te ayudará a analizar tus fortalezas y debilidades, y te dirá qué debes hacer y en dónde aplicar los cambios.

También te permitirá que expreses bien tus sentimientos e ideas y a que creas más en ti mismo.

Una mejor comunicación lleva a sufrir menos ira, y eso es algo que a los demás les cuesta entender.

Esto fomenta la creatividad y a pensar de manera diferente, lo cual se puede aplicar a cualquier área de tu vida.

El pensamiento crítico te ofrece un sistema en el cual te puedes concentrar y tomar decisiones de una manera más fácil.

Puede además estimular tu confianza y que tanto tú y los que te rodean se sientan confiados de que tus puntos de vista fueron bien reflexionados.

4. El pensamiento crítico te asegura que tus opiniones estén bien fundamentadas.

Hay más información disponible para nosotros, mucha más que antes.

Asombrozamente, en los últimos dos años, se han generado más datos en conjunto que en toda la historia humana.

El pensamiento crítico te permitirá resolver el tema del ruido.

Un político, sociológo y diplomático estadounidense Patrick Mynihan dija una vez: «Tienes derecho a opinar, pero no a tener la razón». Contar con el pensamiento crítico significa que tus conclusiones tendrán un buen fundamento y estarán basadas en los últimos datos disponibles.

5. El pensamiento crítico ayuda a afianzar las relaciones

Quizás te preocupes que el pensamiento crítico te convierta en Spock, el personaje insensible de Star Trek, quien no es muy bueno entablando relaciones.

Pero en realidad es lo opuesto.

Usar el pensamiento crítico te abrirá la mente y serás capáz de entender mejor los puntos de vistas de los demás.

Los pensadores críticos son personas más empáticas y capaces de llevarse bien con todo tipo de personas.

Ya estás desanimado de sacar conclusiones apresuradas.

Si el debate se complica, tú te puedes convertir en la voz de la razón.

También tendrás una mejor capacidad para detectar cuándo son hipócritas contigo, cuándo no tienen buenas intenciones o cuándo intentan aprovecharse de ti o manipularte.

6. El pensamiento crítico te convierte en un ciudadano mejor informado

«Una ciudadanía educada es un requisito vital para nuestra supervivencia como personas libres». Esta cita fue erróneamente atribuida a Thomas Jefferson, pero las frases de sabiduría son más pertinentes que nunca, sin importar la fuente.

Los pensadores críticos son capaces de ver los dos lados de un problema y tienden a encontrar soluciones bipartidarias.

Las propagandas no suelen influenciarlos; de lo contrario, pueden sufrir histeria colectiva.

Son mejores para detectar noticias falsas.

Se considera que el pensamiento crítico incorpora una amplia gama de temas a nuestra mente y mejora muchas de las actividades intelectuales. Algunos podrían decir que es una ayuda transversal del cuerpo y para que se mantenga saludable, la mente debería trabajar como un músculo.

El pensamiento crítico, entre muchas otras cosas, promueve el desarrollo de las siguientes cosas:

- ✓ Capacidad de razonamiento
- ✓ Pensamiento analítico
- ✓ Habilidad evaluativa
- ✓ Pensamiento lógico

- ✓ Habilidad de organización y planeamiento
- ✓ Habilidad para hablar idiomas
- ✓ Capacidad autoreflexiva
- ✓ Habilidad de observación
- ✓ Mente abierta
- ✓ Técnicas de visualización creativa
- ✓ Habilidad de interrogación
- ✓ Toma de decisiones

Esta lista puede extenderse y agregar otras habilidades, pero esto ya te da una idea de cuáles son las que se reforzarán.

Cómo tomar mejores decisiones

Hasta aquí ya debes comprender qué aspectos están involucrados en la resolución de problemas y en el pensamiento crítico. Estas ideas te pueden convertir en una persona calificada para resolver problemas tanto en la escuela como en tu vida personal siempre que enfrentes desafíos. Esta guía no solo te enseñará cómo tomar las mejores decisiones labores, sino que también te ofrecerá increíbles herramientas en línea, videos y recursos que te ayudarán a estar en constante aprendizaje de cómo debes tomar las mejores decisiones en tus actividades diarias.

La importancia de la resolución creativa de problemas en el ámbito laboral y en la vida diaria

Una de las habilidades de liderazgo que brinda éxito a las personas dentro del ámbito laboral —y lo que toda persona debería tener— es la capacidad de solucionar de una forma creativa los problemas tanto en el trabajo como en la vida personal, pero muchos fracasan al tomar la decisión más fácil. ¿Cómo una persona puede resolver un problema de manera tan fácil un vez y fallar la próxima?

La verdad es que, incluso las personas que tienen experiencia tomando decisiones deben perfeccionar esta aptitud continuamente. Y existen muchas razones convincentes para hacer eso. Aquellas personas que toman buenas decisiones no solo tienen más oportunidades de trabajo, los ascienden con frecuencia o aumentan con facilidad la productividad en sus carreras, sino que también se sienten más satisfechos consigo mismos. En un studio llevado a cabo recientemente por la Escuela de negocios Booth de la Universidad de Chicago, los investigadores han descubierto que la satisfacción depende más del incentivo de la toma de decisiones (como la libertad) que el dinero o las relaciones. Esto significa que la habilidad de tomar decisiones conduce a tener más y mejores chances de ser exitosos, lo cual mejorará tu calidad de vida. En otras palabras, cuanto mejor seas tomando decisiones, más saludable serás y te irá mucho mejor.

Esta teoría es contraria a lo que muchos dirigentes de negocios piensan —lo que te convierte en una persona exitosa es lo que aprendes y a quién conoces. En realidad, la clave del éxito es cómo interpretas y resuelves los problemas.

Afortunadamente, la resolución de problemas y la toma de decisiones son habilidades que se pueden aprender, fortalecer y perfeccionar. Si aprendes las técnicas de toma de decisiones y la de resolución de problemas específicos, puedes ser el primero en detectar un problema y el más rápido en tomar una decisión. Esto te ayuda a tomar decisiones de una forma más cómoda en tu carrera y te permitirá tener más satisfacción y rendimiento en cada aspecto de tu vida.

El pensamiento crítico presente en el proceso de toma de decisiones

Hasta aquí ya debes comprender qué aspectos están involucrados en la resolución de problemas y en el pensamiento crítico. Estas ideas te pueden convertir en una persona calificada para resolver problemas tanto en la escuela como en tu vida personal siempre que enfrentes desafíos. Esta guía no solo te enseñará cómo tomar las mejores decisiones labores, sino que también te ofrecerá increíbles herramientas en línea, videos y recursos que te ayudarán a estar en constante aprendizaje de cómo debes tomar las mejores decisiones en tus actividades diarias.

El pensamiento crítico trata de recolectar, analizar y evaluar la información de manera metódica. Esta es la parte más importante en el proceso de toma de decisiones y en la resolución de problemas, ya que es en donde debes pensar con claridad las elecciones que tienes, lo que te llevará a tomar la decisión final. Mientras que la toma de decisiones es el proceso que conduce a las conclusiones factibles, el elemento que define si la decisión es sensata es el pensamiento crítico. Piensalo de esta forma: si el medio que usa tu empresa para cumplir sus objetivos es la resolución de problemas, el combustible sería el pensamiento crítico.

Aunque las personas han pensado de manera crítica desde que el primer *Homo Habilis* construyó una herramienta de piedra, el pensamiento crítico como proceso recién se ha convertido en una habilidad comercial muy valiosa durante el último siglo. En el ensayo de 1938, llamado *Logic: The Concept of Inquiry*, John F. Dewey, fundador del sistema de Clasificación Decimal Dewey y un reconocido teórico académico, comenzó a enfatizar la importancia de desarrollar la habilidad del pensamiento crítico.

Hasta ese momento el pensamiento crítico y la toma de decisiones eran sinónimos de habilidades comerciales que los líderes corporativos ya anticipaban. Sin embargo, muchas personas aún no entienden los conceptos subyacentes que convierten al pensamiento crítico en un proceso efectivo. Todo pensamiento crítico se basa en cuatro estructuras claves:

Lógica: es la habilidad que tiene un individuo de ver directamente a una relación de causa-efecto. Esta es una de las habilidades más importante dentro de la toma de decisiones porque el razonamiento crea las predicciones más acertadas en relación a qué tipo de efectos tendrá una solución potencial en los individuos y en los procedimientos

Hecho real: información parcial de un evento. Una parte importante de la resolución de problemas es la verdad insensible y objetiva. Un buen razonamiento crítico deroga estos estereotipos y se inspira en datos existentes y registrados que respaldan la conclusión.

Contexto: una lista atenuante de condiciones o causas cuya solución impactará o debería tener un gran impacto. El pensamiento crítico debería tener en cuenta el éxito pasado de situaciones similares, el estrés teórico o externo de la persona que toma decisiones, y las expectativas e intereses específicos de los inversores. Para poder participar en el proceso de toma de decisiones todos estos factores ya deben tener su correspondida dirección.

Alternativas: soluciones posibles que por el momento no se utilizan. A través del pensamiento crítico, el participante debería considerar nuevas formas de abordar los desafíos que se presentan en el mundo real y que se enfocan en datos objetivos y confiables. Así es esto, incluso si no existieren soluciones alternativas o si hubieran factores externos inesperados.

Te volverás una persona más consciente en relación a los prejuicios personales una vez que aprendas cada uno de estos factores subyacentes y pongas más interés en el proceso del pensamiento crítico. Es más, al mejorar tus habilidades de este pensamiento podrás tomar decisiones de manera más rápida, más confidencial y más productiva. El combustible del pensamiento crítico es el ingrediente que te conducirá al éxito laboral.

Métodos para resolver problemas

Aunque muchos hayan modificado el paso 6 de esta técnica, en la década del 50 el doctor Sidney J. Parnes y Alex Osborn crearon esta única versión basada en investigaciones. Después de observar a empleados publicistas en el proceso de «lluvia de ideas »y la puesta en práctica de esas ideas, Parnes y Osborn reconocieron que las personas creativas atraviezan varias etapas ya que deben crear, organizar y elegir la mejor solución a sus problemas. Ellos publicaron sus descubrimiento en el año 1979 bajo el título *Applied Imagination: Creative Thinking Principles and Procedures*. El paso número 6 de este modelo, «Solución creativa de problemas (CPS) », como fue llamado en un principio en su trabajo original, incluye estos segmentos claves:

- ✓ Invetigación objetiva
- ✓ Encontrar la prueba
- ✓ Estudiar la pregunta
- ✓ Tomar la palabra
- ✓ Encontrar la solución
- ✓ Encontrar la aprobación

Estos seis segmentos se organizaron en tres fases claves para la solución de problemas: Identificar el objetivo, Generar ideas y Planificar la acción.

Este modelo también incluye elementos de la Metodología de sistemas suaves (SSM) la cual ofrece siete estrategias para la solución de problemas. Las empresas y organizaciones de todo el mundo han adoptado la adaptación de Yale y han incluido estos cuatros pasos:

- ✓ Definir el problema
- ✓ Determinar la causa primordial del problema
- ✓ Confeccionar soluciones alternativas
- ✓ Optar por una opción e incorporarla a la solución final.

Formas efectivas de mejorar tus habilidades al momento de resolver problemas

¿Te has imaginado alguna vez ser una persona que resuelve problemas? No lo creo. Sin embargo, siempre resolvemos problemas y cuanto mejores son nuestras habilidades para desempeñar dicha acción, más felices somos.

Los problemas ocurren de muchas maneras y formas. Algunos pueden ser rutinarios, asuntos cotidianos, o más complejos como: ¿Qué cenaremos hoy?

¿Qué camino tomar para llegar al trabajo?

¿Cómo continuar un proyecto que ya se encuentra atrasado?

¿Cómo cambiar un trabajo que no me provoca inspiración por uno que adoraría?

Quizás tengas que lidiar con al menos una de estas preguntas todos los días y resolverla, pero cuando sabes que son decisiones fáciles las que debes tomar todo se vuelve más fácil. Todo lo que tenga que ver con la toma de decisiones se vuelve un poco «escalofriante ».

Tengas el trabajo que tengas, vivas en donde vivas, tengas el colega y cuantos amigos tengas, siempre juzgarán la habilidad que tienes para resolver problemas. Sin importar quién esté involucrado, los desafíos siempre serán dificiles y a las personas no les gusta meterse en problemas. Cuanto más problemas puedas solucionar, más relativo se volverá todo el asunto y más personas estarán felices contigo. Todos ganan.

¿Por qué son tan importantes las habilidades para resolver problemas?

Siempre es difícil entender el problema, lograr solucionarlo y tener que lidiar con él. Puede tratarse de una misión, de una circunstancia o de una persona. Para resolver un problema se debe encontrar la mejor solución y para eso se debe hacer uso de las técnicas y habilidades.

Resolver problemas es importante porque a lo largo de nuestras vidas todos debemos tomar decisiones y responder a ciertas preguntas. Las personas que son buenas resolviendo desafíos también son personas extraordinarias, como Eleanor Roosevelt, Steve Jobs, Mahatma Gandhi y Martin Luther King Jr. Los padres, maestros, enfermeras y mezeros también deben ser buenos a la hora de resolver problemas.

Las habilidades para resolver problemas están presentes en nuestra vida diaria.

Cómo desarrollar las habilidades para resolver problemas. Muchas personas piensan que deben ser inteligentes para ser buenos a la hora de resolver problemas, pero no es así.

Para resolver problemas no necesitas ser súper inteligente, solo debes aprender ciertas cuestiones.

Si conoces los diferentes pasos necesarios para resolver problemas, serás capaz de lograr excelentes soluciones.

1. Enfócate en la solución, no en el problema

Los neurocientíficos han demostrado que si tú te enfocas en el problema, tu cerebro no podrá encontrar la solución. Esto se debe a que cuando te concentras en el problema, te alimentas efectivamente de «negatividad », lo que por ende activa emociones negativas en tu cerebro. Estos sentimientos obstruyen totalmente las posibles soluciones que pueden te pueden surgir.

No estoy diciendo que ya debes conocer el problema con anterioridad, tan solo intenta pensar en frío. Esto te ayudará a entender el problema en primera instancia; después debes enfocarte en una actitud orientada a la solución y de allí extraer cuál podría ser la «respuesta », en lugar de seguir dando vueltas con preguntas como: ¿Qué salió mal? o ¿De quién fue la culpa?

2. Amoldarse a 5 «¿Por qué? » Para definir el problema de forma clara

Los 5 ¿Por qué? que te ayudarán a llegar a la raíz del problema son una estrategia para resolver problemas.

Puedes indagar la causa del dilema si te preguntas constantemente «¿Por qué? », y de esa forma podrás encontrar la mejor solución para lidiar con el asunto desde raíz de una vez por todas. Y esto puede expandirse a más de

5 ¿Por qué?.

Por ejemplo: si el tema es «ya es demasiado tarde para trabajar »

- ✓ ¿Por qué trabajo hasta tarde?

Siempre presiono el botón posponer de la alarma.

- ✓ ¿Por qué no me levanto en la primer alarma?
  Anoche me sentía muy exhausto.

- ✓ ¿Por qué me siento cansado en las mañanas?

Anoche me fui a dormir a la madrugada.

- ✓ ¿Por qué me acosté tan tarde?

Después de tomarme un café ya no tenía sueño, entonces, me puse a ver el muro de mi Facebook y de alguna manera no podía detenerme.

- ✓ ¿Cómo es que terminé tomando café?

Porque en la tarde tenía mucho sueño en el trabajo y en la noche no había dormido lo suficiente.

Entonces, aquí puedes ver. Si no has intentado llegar hasta la raíz del asunto, seguirás poniendo más alarmas y las dejarás sonar cada cinco minutos todas las mañanas. Pero en realidad, el problema que debes resolver es el de navegar en Facebook por las noches. De esa manera te sentirás con más energías durante el día y no necesitarás tomar tanto café.

3. Simplificar las cosas

Como seres humanos siempre preferimos complicar las cosas, ¡más de lo que deberíamos! Trata de generalizar y simplificar el problema.

Elimina toda la información innecesaria y apégate a lo fundamental. Intenta encontrar la solución más simple y obvia, —¡Descubrir algunas cosas podrían escandalizarte!

4. Haz una lista de todas las soluciones posibles

Trata de elaborar una lista con TODAS LAS SOLUCIONES POSIBLES —aunque al principio parezcan un tanto ridículas. Para estimular el pensamiento creativo es importante tener una mente abierta la cual pueda atraer soluciones potenciales.

Con un precedente de 10 años en la industria publicitaria

«No tener ni idea es una mala idea »es algo que de seguro te

martilla y esto ayuda al pensamiento creativo dentro de las técnicas de inspiración y de resolución de problemas.

Hagas lo que hagas, no te ridiculices con «soluciones tontas »ya que aveces son las ideas un tanto extravagantes las que llevan a tener soluciones más viables.

5. Piensa de manera creativa

Cambia el curso de tu mente al pensar de manera creativa. Estudia la expresión, intenta cambiar tu actitud y trata de ver las cosas de una forma diferente. Puedes intentar cambiar tu objetivo y ¡buscar una solución opuesta!

Una estrategia nueva y créative, aunque suene un poco descabellada, por lo general es un disparador hacia nuevas respuestas.

6. Utiliza un languaje que genere más posibilidades

Debes pensar frases como «qué sucedería si... »o «imagina si... »lo cual permitirá que nuestro cerebro piense de manera creativa y fomente soluciones.

Conclusión

Una vez que comienzas a amoldarte a mis sugerencias, nada te debe espantar ante un problema.

Intenta no ver las cosas de manera alarmante. Si te refieres a cuál es el problema, debes sacar los indicios de tu situación actual.

Cada problema te dice lo que funciona incorrectamente en ese preciso momento y tú debes encontrar nuevos caminos.

Por lo tanto, intenta abordar los asuntos de forma neutral — sin opinión alguna. Debemos enfocarnos en describir un problema, en mantener la calma y en no complicar tanto las cosas.

Pensamiento negativo: formas de acallar tu crítico interior

Por lo general, ¿ves la mitad del vaso lleno o vacío? De acuerdo a cómo respondas esta pregunta bastante antigua que se relaciona al pensamiento positivo, reflejará tu actitud en la vida para contigo mismo y nos dirá si eres optimista o pesimista —incluso sabremos si tu salud se ve afectada.

Sí, algunos estudios nos muestran las características de la personalidad; cómo el entusiasmo y el pesimismo pueden influenciar en algunos aspectos de tu bienestar. Una parte clave del buen manejo del estrés es el pensamiento positivo que por lo general viene de la mano de la motivación. Además, hay muchos beneficios saludables asociados al buen manejo del estrés. Cuando te surga una actitud cínica, es el mejor momento para poner en práctica las habilidades del pensamiento positivo; tan no debes desalentarte.

¿Qué es la reflexión negativa?

Pasamos mucho tiempo pensando que no somos lo suficientemente buenos, inteligentes, creativos o esbeltos.

Siempre suponemos que no merecemos lo que deseamos.

O lo que los demás desean y anhelan no sucederá, y si sucede o lo obtienen, de todas formas seguirán sintiéndose frustrados.

Si pensamos que algo puede hacerse realidad, debemos hacer un esfuerzo para que así sea, pero debido a nuestra naturaleza no nos molestaremos en intentarlo porque creemos que es algo muy improbable.

Si creemos que somos buenas personas y admiramos a la persona que tiene una vida que nos encantaría tener, podríamos crear esa vida. Pero si creemos que somos indignos e incapaces, sabotearemos nuestros esfuerzos sin poder realizarlos.

Los estudios demuestran que tus pensamientos también te afectan físicamente. Toma como ejemplo el polígrafo (conocido más comunmente como el detector de la mentira).

Aquí podemos demostrarte que tus emociones pueden afectar tu presión sanguínea, tensión muscular, temperatura, frecuencia respiratoria, ritmo cardíaco y el sudor en tus manos. ¡Estos son algunas de las reacciones físicas más importantes que producen nuestros pensamientos!

Efectos de la reflexión negativa

Si experimentas los efectos de los pensamientos negativos, como los sentimientos que producen estados emocionales de temor, ira, depresión, remordimiento, verguenza y arrepentimiento sentirás que:

- ✓ Los músculos de tu cuerpo se ponen firmes, literalmente
- ✓ Los niveles de estrés aumentan
- ✓ Cambian tus niveles hormonales y químicos: puedes sufrir problemas intestinales o gastrointestinales junto a otros síntomas físicos.

Los estudios también demuestran que la gente negativa tienden a ser más ansiosas y menos felices con su vida en general.

Por medio de la comparación, tu cerebro se llenará de endorfinas cuando tengas pensamientos positivos, lo que te permitirá calmarte.

Y no solo eso. Cuando el dolor físico disminuye, el pensamiento positivo aumenta tus experiencias de placer.

Y como resultado de todo esto tiendes a ser más positivo, ambicioso y te sentirás inspirado en lograr tus metas.

Cómo detener el pensamiento negativo

Para algunos hombres es más facil decir que poner en práctica el hecho de cambiar los pensamientos negativos por los positivos.

La mayoría de los hombres, debido a su naturaleza quizás, tienen un hábito de por vida que es ver siempre el lado negativo de las cosas. Tratamos de justificar nuestro cinismo al señalar todas las cosas negativas que suceden en el mundo y decimos: «solo estamos siendo racionales», pero en realidad lo que hacemos es debilitarnos mentalmente a nosotros mismos.

La buena noticia es que tú tienes el control de tus sentimientos porque ¡tú eres tu fuente!

Esto significa que puedes aprender a elegir y a reemplazar tus pensamientos negativos por pensamientos positivos los cuales mejorarán tu vida. De todas formas, no todos los pensamientos negativos son productos de tu crítico interior tormentoso.

Existen otros tipos de pensamientos negativos de los cuales sí puedes construir una vida más saludable, productiva y gratificante. Solo debes aprender a reconocerlos y a combatirlos.

Ejemplos de pensamientos negativos y como superarlos: Quiero compartir con ustedes cinco tipos de pensamientos

negativos (los más importantes). De esta manera, cuando

aparezcan los podrás reconocer y de manera consciente los podrás reemplazar con algo positivo.

1. Pensamiento «siempre o nunca»

Esto se da cuando te preguntas si nunca, si cada vez, si alguien, etc.

Por ejemplo: «Nunca voy a obtener un aumento» o «Nadie piensa en mí», o «Metí la pata pero no importa». Este tipo de pensamiento no solo perjudica tu bienestar, sino que no se enfoca en nada. No es verdad que no le importas a NADIE, o que nunca obtendrás un aumento.

Pues bien, si nunca has hecho bien tu trabajo quizás nunca tengas una bonificación, por lo que el último ejemplo podría ser verdad. No obstante, eres tú quien creas el escenario, lo que significa que puedes cambiarlo.

Todo esto no es un hecho.

2. Sentimientos que «se enfocan en lo negativo »

Este escenario se da cuando tú te ocupas más en ver las cosas malas que suceden en el mundo que las cosas buenas.

Pero la realidad es que no todo es malo en la vida, así como también no todo es bueno. Es una combinación de ambos. En prácticamente todo siempre hay una lado positivo y uno negativo.

Y ya que puedes elegir en qué enfocarte, ¿Por qué no te enfocas en algo positivo?

Te prometo que si lo haces, tendrás un impacto mucho mejor, tanto en tu vida como en tu salud.

3. Predicciones catastróficas

Es cuando te imaginas el peor resultado de una situación y te convences de que es inevitable —por lo general sin tener hechos feacientes para respaldar tal suposición.

Un buen ejemplo de esto sería cuando empiezas a imaginarte que te pueden despedir de tu empleo o que Corea del Norte lanzará un misil y hará estallar Los Ángeles, incluso sin tener evidencia concreta que respalden tu predicción.

Aunque el peor de los escenarios casi nunca existe, te comportas como si esto fuera solo cuestión de tiempo o aumentas las probabilidades de que tus pensamientos y acciones te controlen.

La realidad es que nunca sabemos qué nos depara el futuro—y la historia nos muestra casos extraños de lo que serían los peores escenarios. Entonces, ¿por qué piensas en algo que aún no ha ocurrido y que probablemente nunca ocurrirá?

Tal vez sea mejor que te concentres en lo que sucede ahora y que te reflejes en eso —como algo que ya tenemos entre manos.

4. Leer la mente: ser una persona astuta es el cuarto pensamiento negativo.

Es cuando estás convencido de que sabes lo que la otra persona piensa —y eso es mentira.

¿Has discutido alguna vez con alguien en tu cabeza? Seguramente te imaginas que la otra persona te dice todo tipo

de cosas terribles que te frustran, te molestan, te hieren y te

hacen sentir avergonzado, ¿no es así?

Eso es leer la mente... tú, en realidad, no sabes lo que piensa la otra persona, pero te obligas a descifrar sus pensamientos—y así permites que esta falsa convicción afecte de manera negativa la relación que tienes con tus amigos.

Debes entender que no eres un psíquico. La única forma de saber lo que la otra persona piensa es preguntándoselo y teniendo una charla honesta con él/ella. De esta manera entablas relaciones fuertes y significativas.

5. Sentimiento de culpa

El sentimiento de culpa es el que te hace sentir avergonzado y humillado cuando ves todas las cosas malas que has hecho y estás determinado a ver quién eres en realidad.

Dices que eres un fracasado y una mala persona, por lo que no te mereces estar bien o ganarte la felicidad que tanto buscas.

Entonces, antes de empezar a luchar por lo que quieres ya te das por vencido.

Se ha observado que hay muchas personas que desperdician su vida debido a sentimientos de culpa por algo que han hecho hace muchísimo tiempo, como haber atravezado un divorcio, la pérdida de un familiar a causa de la adicción al alcohol o a las drogas, un accidente de tráfico, la pérdida de una patrulla durante un combate militar, un encarcelamiento, y la insistencia de alguien a suicidarse. Estas personas piensan que esto se hubiera evitado si hubieran actuado de manera diferente.

La verdad es que TODOS han hecho cosas de las que se arrepienten hoy en día, incluso yo.

No debes permitir que eso te difina a tí como persona. También has hecho cosas extraordinarias en tu vida.

Cuando te concentras en cosas buenas y te ves como una buena persona quien ha cometido muchos errores pero está dispuesto a lograr cosas extraordinarias, te abrirás las puertas hacia un futuro con oportunidades ilimitadas.

¡Deten hoy mismo el pensamiento negativo!

Empieza por escucharte cómo hablas de tí mismo y de los demás.

¿Te enfocas solo en cosas negativas y ya das por hecho lo peor?

¿Te das por vencido constantemente?

¿Tienes pensamientos de «siempre o nunca »a pesar de todo?

¿Supones que ya conoces el pensameinto de los demás sin siquiera haberlo chequeado primero?

Cada vez que tengas un pensamiento negativo repite estas palabras de manera suave y en voz baja: «Borrar-borrar » y luego intenta cambiar ese pensamiento a uno positivo.

colorize-it.com

Pasos para desarrollar las habilidades del pensamiento crítico

¿Sueles reaccionar ante circunstancias que tienen que ver con tus emociones o preferencias? ¿Buscas mejores formas de comunicarte con aquellos que te rodean? ¿Te gustaría progresar más en tu carrera professional?

Puedes desarrollar capacidades para poder tomar decisiones o sacar conclusiones más lógicas y significativas siempre y cuando incorpores las habilidades del pensamiento crítico. Si no cuentas con esta capacidad, las conclusiones suelen ser siempre unilaterales. Es más, una opinión ajena la puedes tomar como un ataque a tu persona, cuando en realidad es una simple invitación a un debate y una interacción constructiva.

Veamos cómo se pueden mejorar las habilidades del pensamiento crítico para que puedas tener las herramientas necesarias y así dejes de lado las emociones fuertes y tomes decisiones más inteligentes en cualquier situación:

1. Ser autocrítico

Al desarrollar las habilidades del pensamiento crítico, el primer paso —y el más importante—, es convertirse en una pregunta crítica de tus pensamientos y acciones. No podrás avanzar si no eres introspectivo.

Si te preguntas a tí mismo por qué crees en algo, debilitarás tus pensamientos. Debes justificar tus sentimientos cuando haces esto analizando con lógica tu respuesta y ofreciendo un argumento claro que refuerze lo que tú crees. Puedes hecharte atrás y observar cómo reaccionas ante circunstancias en las que te enfocas en ti mismo.

Durante la instrospección las preguntas serían: ¿Por qué creo en esto?; ¿Debo pensar en ejemplos que comprueben qué es real y qué es falso en mi vida?; ¿Estoy emocionalmente apegado a esta idea?; ¿Cuál es la razón?

Identificar tus talentos, defectos, preferencias personales y prejuicios es otra de las piezas claves para convertirse en una persona autocrítica. Podrás comprender por qué afrontas ciertas situaciones con ciertas perspectivas cuando tengas esta información. Cuando seas consciente de tus puntos de vista, y si es necesario, recién podrás avanzar.

2. Escuchar de manera activa

Es casi imposible pensar y escuchar al mismo tiempo. Para convertirte en una persona con pensamiento crítico, debes estar dispuesto a escuchar las ideas, argumentos y críticas de los demás al momento que las expresan, pero sin pensar en cuál será tu respuesta. Si no te tomas el tiempo de escuchar, no podrás comprender la información que la otra persona trata de transmitir.

Escuchar te permite tener empatía. Siempre que escuches las perspectivas de otra persona podrás entender sus historias, sus luchas, sus pasiones y sus ideas. Escuchar de manera activa te permite entender qué trata de decirte la otra persona, ya que siempre impulsa la conversación para que todos los demás repitan lo que él/ella dijo.

3. Conocimiento analítico

Durante todos los tiempos, ninguna persona ha tomado en cuenta las cosas de manera objetiva. Tus placeres, rabia, penas y otros sentimientos son muy fuertes a veces. Con frecuencia, eres incapaz de concentrarte en el tema central en cuestión.

El pensamiento crítico demanda que los datos que tienes deben ser examinados minuciosamente, ya sea una información que está solo en tu cabeza o una información que te la ha compartido otra persona. Primero, analiza lo que se dice para luego estudiar la información y así asegurarte de que has entendido todo con claridad. Luego, puedes analizar y evaluar minuciosamente todos los argumentos, inlcuso el tuyo.

4. Comunicarse de forma pacífica

Si eres incapáz de comunicarte en paz y de forma productiva, el pensamiento crítico no te será de mucha ayuda. Primero debes entender el basamento lógico cada vez que respondas y evalúes los argumentos. Luego, debes interactuar de forma productiva con la otra persona involucrada.

La compasión, observación y colaboración son los pilares para una interacción constructiva. Si abordas una situación con empatía, en lugar de estar a la defensiva, la enfrentarás con una actitud más tranquila. Si observas, sin tener prejuicios o compromisos personales, podrás observar tus reclamos y el de los demás. El trabajo en equipo se da cuando todos abordan el sistema con empatía y con una mente abierta para poder resolver el problema.

5. Crear predicciones

Es la habilidad de predecir el impacto que tendrá una decisión futura, lo cual es fundamental para que tengas éxito en todos los aspectos de tu vida. Para los principiantes, el plan es ver cuál es la perspectiva del trabajo y como será el área, si es que te diriges a otro sitio.

Del mismo modo, es prudente analizar los efectos de la decisión que has tomado si, por ejemplo, estás trasladando una empresa a otro lugar. ¿Les quedará muy lejos el camino a algunos de los mejores empleados que tiene esta compañía?; ¿Perderás algunos clientes?; ¿Continuarás generando ganancias?

Antes de tomar cualquier decisión, todos los impactos potenciales deben ser cuidadosamente analizados y puesto sobre la balanza.

Llevar a cabo tu propia investigación

Toda la información que obtenemos día a día puede llegar a ser abrumadora, pero pueden ser muy poderosas si decides tomar el control de la situación. Comienza a leer en internet si es que tienes algún problema por resolver, una decisión que tomar o una perspectiva que considerar. Cuanto más información tengas, más preparado estarás para pensar claramente las cosas y hallar respuestas lógicas a tus preguntas.

¿Por qué es tan difícil lograr el pensamiento crítico?

Los educadores saben desde hace mucho tiempo que haber tenido asistencia perfecta en el secundario o haber tenido éxito académico no son garantías para que un estudiante se pueda graduar de pensadores exitosos. Existe una tendencia peculiar para el análisis sistemático que sirve para adherirte a ejemplos específicos y a categorias de tu interés. De este modo, antes de empezar a realizar un cálculo, el estudiante ya aprendió a calcular la solución a su problema matemático como una forma de verificar la exactitud de su respuesta, pero en un laboratorio de química el mismo estudiante calcula los componentes de un compuesto sin darse cuenta de que sus cálculos superaron el 100%. Un estudiante que aprendió a reflejar las causas de la Guerra de la Independencia, tanto las perspectivas de Estados Unidos como las de Gran Bretaña, no se pregunta cómo los alemanes vieron a la II Guerra Mundial. ¿Por qué los estudiante fueron capaz de pensar de manera crítica en una situación pero no en la otra? La respuesta es sencilla: el proceso de razonamiento está asociado a lo que se contempla en ese momento. Exploremos esto en detalle buscando un ejemplo específico del pensamiento crítico que ya ha sido estudiado ampliamente: la solución de problemas.

Imagina una clase de matemática de séptimo grado a la cual se le ha asignado un problema matemático pero escrito con palabras. ¿Cómo los estudiantes pueden responder a un problema correctamente pero no al otro? Porque matemáticamente todos los problemas —aunque sean en palabras— son lo mismo. ¿Dependen del conocimiento de las matemáticas? Los estudiantes suelen enfocarse en el escenario descrito en el problema (la estructura superficial) en lugar de la aptitud matemática que se necesita para resolverlo (estructura profunda). Así que, aunque a los estudiantes se les haya enseñado a resolver un tipo específico de problema, tienen dificultades en aplicar la solución cuando la maestra o el libro de textos cambia el escenario ya que no se dan cuenta de que el problema es matemáticamente el mismo.

Pensar tiende a enfocarse en la «estructura superficial »del problema

Para explicar por qué la estructura superficial de un problema es tan confusa y por qué adaptar soluciones simples a nuevos problemas es tan complicado, debemos considerar en primer lugar cómo interpretas tú lo que se pregunta cuando tienes un problema. Todo lo que escuches o leas siempre se relacionará con temas similares que ya conoces. Por ejemplo, supongamos que lees esta dos oraciones: «Después de años de sufrir presión por parte de industrias cinematográficas y televisivas, el presidente ha presentado una queja formal hacia China sobre el delito de falsificación expuesta por la empresa estadounidense, la cual asegura que el gobierno chino impone estrictas restricciones de comercio sobre los productos de entretenimiento de Estados Unidos, incluso hace la vista gorda con empresas chinas como AmeriCopy ». Por ejemplo, si después lees la palabra «Bush » no pensarás en un pequeño arbusto, tampoco te preguntarás si se refiere al ex presidente Bush, a la banda de rock o a un equipo de futbol del interior del país. Cuando escuchas la palabra «corrupción » ni soñando te imaginarías un grupo de marineros con los ojos cubiertos gritando:

«¡Que me parta un rayo! »El sistema mental pretende que la nueva información adquirida se relacione con lo que ya sabías. Por lo tanto, las probabilidades de interpretar las palabras, frases y conceptos es muy limitada. La ventaja es que la comprensión se da de forma rápida y facil; la desventaja es que es más dificil reconocer la estructura profunda del problema.

El filtrado de la información que se da cuando se aprende (o se escucha) significa que tiendes a enfocarte en la estructura superficial en lugar de concentrarte en la estructura subyacente del problema.

Por ejemplo, una pregunta como la siguiente fue hecha a cuatro personas durante un experimento: «los miembros de una banda de la West High School trabajan duro preparando el desfile anual de bienvenida. Primero intentaron desfilar en filas de 12 pero Andrew se quedó solo. El director entonces dijo que desfilaran en filas de 8 pero Andrew seguía quedando solo. Andrew continuó solo incluso si formaban filas de 3. Al final, Andrew, con mucha frustración, le dijo al director que debían marchar en fila de 5 para que nadie quedara solo. Él tenia razón, ya que habían al menos 45 músicos en el campo pero menos de 200 jugadores, entonces, ¿Cuántos estudiantes de la banda de West High School estaban allí?

Los participantes ya habían leído cuatro problemas anteriormente con explicaciones detalladas de cómo abordar cada uno de ellos, presuntamente para que obtubieran buenas calificaciones. Uno de los problemas trataba sobre la cantidad de vegetales que debía comprar, al cual se debía aplicar el mismo cálculo matemático para hallar el mínimo común multipo del problema que se refería a la banda. Algunos sujetos —solo el 19%— dijeron que la situación de la banda era diferente pero que de todas formas pudieron hallar la solución para el problema de los vegetales. ¿Cuál sería la razón?

Cuando un estudiante lee un problema, teniendo un conocimiento previo, su mente interpreta el problema de la misma forma que interpretó las dos frases sobre los derechos de autor y China. El desafío es que la información que pareciera ser importante se aplica a la naturaleza de la superficie —el lector absorve los conocimientos sobre las bandas, la secundaria, los músicos y así sucesivamente. Al utilizar el mínimo común multiplo, el estudiante es incapaz de leer la pregunta y aprender desde el punto de vista de la complejidad de su estructura. La estructura superficial del problema está por encima pero la estructura subyacente. Por consiguiente, las personas no usan el primer problema como base para solucionar el segundo ya que el primero se trataba sobre vegetales y el segundo sobre las filas que debía formar una banda para su desfile.

Con un conocimiento profundo, el pensamiento puede ir más allá de la estructura superficial

Cuando la sabiduría de cómo resolver un problema nunca se ha aplicado a ciertos asuntos de nuevos sistemas superficiales, es porque la escolaridad ha sido poco eficaz o hasta incluso en vano —pero claro, esa transición tiene lugar ahora. El cuándo y el por qué son complejos, pero existen dos factores que son muy importantes para los educadores: estar familiarizado con la estructura profunda de un problema y el conocimiento de que esa estructura aún se debe hallar. Pasaré a describirles cada uno de ellos. Tener la sabiduría de cómo resolver un problema se traduce a tu familiaridad con su estructura profunda. Dicha familiaridad puede ser de largo plazo, como haber tenido varias experiencias de un mismo problema o haber tenido diferentes manifestaciones de un tipo de problema (por ejemplo, muchos problemas con estructuras superficiales diferentes pero con la misma estructura profunda). El sujeto percive la estructura profunda como descripción de un problema, seguido por una exposición reiterada a cada uno o a ambos. Aquí les doy un ejemplo: un buscador de oro encuentra una cueva en una colina cerca de la playa. Él creyó que adentro de la cueva podrían haber muchos caminos y temía perderse. Por supuesto, no tenía un mapa de la cueva, lo único que tenia con él eran algunos objetos en común, como una linterna y un bolso. ¿Qué podia hacer para no perderse y poder salir luego de la cueva? La solución sería llevar un poco de arena en un bolso y a medida que se adentra en la cueva ir dejando un rastro de arena en el suelo, así cuando quiera abandonar ese lugar podrá seguir ese rastro. Cerca del 75% de los estudiantes estadounidenses pensaron en esa solución, pero solo el 25% de los estudiantes chinos lo resolvieron. Los investigadores indicaron que los estudianes estadounidenses lo resolvieron porque la mayoría de ellos crecieron leyendo el cuento de Hansel y Gretel, en donde se presenta la idea de dejar huellas cuando te vas a un lugar que no conoces y de esa manera encontrarás el camino de regreso a casa. Los investigadores luego ofrecieron a los participantes otro acertijo inspirado en una fábula china, pero no develaron el porcentaje de los estudiantes que resolvieron dicho problema.

Se requiere de mucha práctica sobre un tipo determinado de problema antes de que los estudiantes lo entiendan lo suficiente como para reconocer de inmediato su estructura profunda, independientemente de su estructura superficial, al igual que lo hicieron los estudiantes estadounidenses con el problema sobre Hansel y Gretel. Desde el punto de vista de rocas, cuevas y oro, los sujetos estadounidenses no pensaron en el problema, ellos solo pensaron en algo que dejara algún tipo de rastro. La complejidad profunda del problema está tan bien reflejada en sus mentes que cuando ellos lo leyeron, automáticamente vieron esa estructura.

Las fases del pensamiento crítico

«Aprender a pensar mejor mediante las habilidades del pensamiento ». Las personas que son pensadores críticos usan el proceso mental para analizar (considerar y reflejar) y sintetizar (reconstruir) lo que ellos ya han aprendido o aprenden en este momento. Desafortunadamente, muchos razonamientos parecen estar distorcionados, son imprecisos, confusos, infundados y prejuiciosos. El pensamiento crítico es necesario para mejorar su cualidad y valor ya que vuelve seriamente restringido.

Este pensamiento es necesario dentro del entorno organizacional para poder superar los problemas, realizar cambios, modificaciones, o poder adaptarse a la estructura laboral, a los métodos, a la solución de problemas, de conflictos situacionales y de cuestiones urgentes, también es my útil para inventar e implementar nuevas ideas, técnicas y soluciones.

El desarrollo del pensamiento crítico es un proceso paulatino y se requiere de: superación al estancamiento en el aprendizaje como así también prestar mucha atención en el sistema en sí, lo que modificará los patrones de pensamiento; todo esto puede llegar a ser una tarea a largo plazo y llevará un tiempo considerable para el progreso.

También es importante reconocer los elementos o componentes básicos que no están incluidos en el proceso del pensamiento crítico. Este pensamiento no se logra diciendo algo sin antes haberlo pensado cuidadosamente, como por ejemplo: suponer que lo que una persona dice se

«debe » hacer, memorizar el material que será analizado, debatir o examinar, hacer algo solo porque siempre se ha hecho de esa forma, creer en algo solo porque los demás creen en eso, discutir sobre algo cuando ni siquiera hay evidencias para respaldar ese argumento.

Pensamiento crítico

Los pensadores críticos personifican ciertos atributos y estas características ayudan a identificar a personas que son

«grandes pensadores», lo que los diferencian de los

«pensadores comunes y corrientes» más tradicionales. Los

pensadores críticos suelen ser muy disciplinados, con iniciativas, determinados y correctores consigo mismos. Se les ocurre preguntas y respuestas muy importantes y escenciales las cuales la formulan de manera clara y precisa. Los pensadores críticos reúnen, recopilan, analizan y evalúan informaciones relevantes. Elaboran conjeturas, conclusiones e ideas sensatas que comparan y analizan con expectativas y parámetros específicos. Además, cuentan con una mente abierta en relación a ciertos hábitos de pensamientos sin dejar de reconocer y analizar sus propias conjeturas y líneas de razonamiento. Con el tiempo, algunos pensadores críticos se comunican con otras personas en búsqueda de respuestas a ciertos asuntos y problemas.

Se suelen utilizar seis fases del pensamiento en desarrollo que conducen al arte de que el pensamiento crítico sea conocido como el «líder». Mediante una extensa práctica y procesos de aplicación, las personas pueden pretender transformar sus hábitos de pensamientos hasta cambiarlos por completo. A continuación se describen cada una de las fases.

- ✓ Fase uno: por lo general, los pensadores incultos ignoran que existen asuntos importantes dentro de sus patrones actuales de pensamiento.

- ✓ Fase dos: los pensadores confrontados están al tanto de que los problemas que tienen dentro de su proceso mental son evidentes o muy obvios.

- ✓ Fase tres: los pensadores novatos buscan facilitar la manera de incorporar los cambios a su pensamiento, pero sin enfocarse en la rutina ni en el entrenamiento confiable.

- ✓ Fase cuatro: los pensadores proactivos reconocen la importancia de la práctica regular para desarrollar sus pensamientos y reforzarlos.

- ✓ Fase cinco: los pensadores avanzados continúan con el desarrollo, siempre de acuerdo con la cantidad de práctica ofrecida al sistema.

- ✓ Fase seis: los pensadores expertos se convierten en profesionales y se expresan con claridad cuando el razonamiento crítico, lógico y evaluativo se transforman en una segunda naturaleza.

Las personas podrán pasar de una fase a otra solo si están dispuestas a aceptar que tienen problemas serios con sus procesos y estrategias de pensamientos actuales; también tienen que aceptar que la dificultad que tienen al razonar los llevará a realizar una práctica regular para perfeccionar y reforzar los componentes y elementos del pensamiento crítico.

El pensamiento crítico depende de la claridad de los objetivos.

Para desarrollar este pensamiento es fundamental que los individuos sean constantes en relación al objetivo de la misión o del propósito que tenga a mano, como así también el tema clave de esta cuestión. Para lograr este objetivo es esencial esforzarse por ser claro, preciso y relevante, practicar bajo la superficie del pensamiento, ser lógico e imparcial, aplicar las habilidades del pensamiento crítico a todo lo que leas, escribas, hables y escuches; además, deberías aplicar estas habilidades en todos los aspectos de tu trabajo y tu vida en general.

Interrogatorio: las preguntas «muertas» reflejan el ímpetu para el pensamiento crítico.

Desafortunadamente, la mayoría de las personas (incluso directores, líderes y entrenadores) no suelen hacer preguntas que estimulen el pensamiento. Nos solemos apegar a temas muertos como «¿Es esto lo que esperas de ahora en adelante?», o «¿Cómo sabremos (o haremos) esto?» y otras cosas que sugieren nuestra tendencia a no considerar las cosas externas.

Además, muchos administradores, líderes, entrenadores y facilitadores no generan por sí solos preguntas y respuestas detalladas, lo que ayuda a crear un ambiente de pensamiento prescindible. Estas personas no están seriamente comprometidas a pensar o repensar sus iniciativas, asuntos, preocupaciones, temas o conceptos instructivos, y terminan siendo simples repetidores de «preguntas y respuestas de otras personas». Por lo general, acaban iniciando o respondiendo a ciertas preocupaciones y asuntos iniciales que suelen surgir de manera espontánea en una discusión o reunión sin tener que soportarlas. A veces, suelen brindar información de segunda mano, conocimientos o preguntas que ya han caducado, lo que limita las evaluaciones creativas y poder hacer preguntas en un nivel más profundo. Con frecuencia, se remiten a autores considerados expertos o líderes en su área, en lugar de investigar asuntos, ideas, métodos o preocupaciones importantes relacionados al lugar de trabajo y las cuales deben ser examinadas en profundidad.

Pensar a través del pensamiento crítico mantiene la organización en pie

En la medida que se sigan generando preguntas frescas y que se la tomen en serio, cada empresa seguirá en pie. Dichos asuntos luego se usan como fuerza impulsora para que se puedan llevar a cabo ciertas mejoras. Para pensar detenidamente o reconsiderar algo las personas de una organización deben hacer preguntas que impulsen los niveles más profundos del pensamiento. Las preguntas especifican los papeles, decriben conflictos y dan a conocer las preocupaciones. Aunque, por otro lado, las respuestas a veces reflejan una señal de bloqueo en el pensamiento. Las reflexiones continúan agregando valor a nivel personal al igual que en el aspecto organizacional y solo se modifica cuando las respuestas generan más preguntas.

Es importante recordar que las personas que están dentro de una organización y quienes crean y plantean dificultades y preguntas informativas son aquellas que analizan, se superan y comprenden mejor. Una organización puede avanzar con tan solo pedir a sus empleados que hagan una lista con todas las preguntas que tienen sobre un tema o método específico, incluso todas las preguntas que se desprenden de las preguntas de la primera lista. Las preguntas profundas, sin embargo, conducen los pensamientos que quedan por debajo y lleva a las personas a lidiar con la complejidad. Mientras que las preguntas con propósitos obliga a que las personas difinan «sus tareas », los asuntos informativos los obliga a verificar la fuente y la calidad de la información.

El pensamiento crítico asociado al éxito comercial

Si es que las empresas desean continuar siendo competitivas y eficaces necesitan contratar empleados que puedan pensar de manera crítica. Contratar a alguien con título no es suficiente. Las personas que resuelven grandes problemas, que son curiosos y que tienen lógica deben ser los nuevos contratados. De acuerdo a los estudios industriales, cuando evalúan la postulación de los canditados, poseer tácticas y pensamiento crítico son las capacidades más requeridas por las empresas de todo el mundo. Pensamiento crítico, resolución de problemas, toma de decisiones, planeamiento estratégico y gestión de riesgos fueron las capacidades laborales indispensables que incluyó en su lista el Ministerio de Trabajo de los Estados Unidos. Los jefes esperan que los trabajadores cuenten con más capacidades y no solo con conocimientos de un manual o habilidades técnicas, por lo que el pensamiento crítico sería fundamental para el desempeño de un empleo y la flexibilidad de la carrera. También se descubrió que el pensamiento crítico se considera uno de los atributos más importante, el cual haría crecer el negocio, incluso más que la creatividad y la Tecnología de la Información.

Los ambientes laborales suelen cambiar con frecuencia, lo cual pone bajo presión a los trabajadores. Los empleados no confiarán por mucho tiempo en la otra persona, ni les darán la responsabilidad de que tomen decisiones claves, por lo que se verán obligados a tomarlas ellos de manera apresurada. Las buenas decisiones incluyen: concentrarse en las informaciones más importantes, hacer las preguntas correctas y sacar las mejores conclusiones de manera que muy pocos de los demás empleados tengan esta misma habilidad. Un studio realizado por la asociación Human Resource Managers (SHRM) descubrió que casi el 70% de los empleados que cuentan con secundario no cuentan con las habilidades del pensamiento crítico. En otro estudio reciente se pudo observar que durante los dos primeros años de facultad el 45% de los estudiantes graduados no han mostrado mejoras notables en relación al desarrollo del pensamiento crítico o a las habilidades de razonamiento. El 36% ni siquiera mostró, en cuatro años, un pequeño avance en este pensamiento. Cuando sea momento de que estos estudiantes dejen la facultad y se adentren al ámbito laboral, no estarán preparados para afrontar los desafíos laborales del mundo. Si los directores dicen que las habilidades del pensamiento crítico son muy valoradas, los candidatos que las presenten serán muy requeridos y difíciles de encontrar. Las habilidades del pensamiento crítico tendrán un valor invaluable. Algunos tipos de empleos y ambientes suelen cambiar, por lo que la flexibilidad y la adaptabilidad se volverán cruciales para enfrentarse a las condiciones del mundo real y algo que deberá proyectarse en la entrevistas por parte de los consultores de Recursos Humanos. También es importante que tus empleados de siempre puedan desarrollar las habilidades del pensamiento crítico.

Para poder llegar a los profesionales mediante la ayuda de recursos humanos se debe utlizar un pensamiento de contratación preliminar. Los individuos que obtengan un buen puntaje en esta prueba deben demostrar una excelente habilidad analítica, un buen dictamen, excelente toma de decisiones y un buen desempeño en general. Por lo general, también demuestran la habilidad de examinar los valores de los datos ofrecidos, son innovadores, poseen mejores técnicas de trabajo y siempre obtienen un ascenso en tu empresa.

Existen algunas evaluaciones que comprueban las habilidades duras de los directivos o candidatos profesionales. Las investigaciones demuestran que las posiciones de gestión de alto nivel también requieren del pensamiento crítico y de la habilidad de aprender rápido y de procesar la información de manera exacta. Las organizaciones que incluyen tanto el pensamiento crítico como la prueba de personalidad en las prácticas de contratación tendrán excelentes perspectivas de candidatos que aquellas organizaciones que utilizan solo las evaluaciones de pensamientos críticos.

Mediante la incorporación de estrategias exploradoras, es posible ayudar a que los trabajadores se conviertan en pensadores tácticos y en pensadores de orden superior. Las mejores entrevistas permiten a los aprendices a que puedan interpretar y sintetizar los datos de manera más eficiente. Este método se puede volver automático por medio de la repetición del objetivo que sería la transferencia de información en nuevas situaciones y escenarios. En algunas aulas se le enseña a los estudiantes que no deben ser necesariamente buenos pensadores o interrogadores para ser buenos oidores. El pensamiento pasivo no mejora las habilidades cognitivas o cambios conductuales de inmediato. Tendrás más éxito si participas de manera activa en el proceso de aprendizaje y te ofrecerá más resultados a largo plazo.

El conocimiento que se obtiene y se interpreta mediante el pensamiento de orden superior se almacena por más tiempo que la memoria convencional. El conocimiento es de fácil transferencia e implementación, lo que resulta en una mejor solución a los problemas. Luego, el cuestionario se convierte en una parte vital del proceso de enseñanza y aprendizaje. Para perfeccionar el arte del cuestionario se debe comenzar por determinar qué información ya se tiene y así permitir al instructor o guía que pueda desarrollar nuevas ideas y puntos de vistas. Es posible utilizar métodos exploratorios para promover la habilidad del pensamiento en los estudiantes. Confecciona preguntas relevantes. Enfócate en las técnicas que utilizas. Incentiva el debate interactivo y promueve el compromiso.

Preguntas con finales abiertos llevan a que el estudiante analice y evalúe de manera más efectiva. Uno de los elementos habilidosos más importantes de un cuestionario es hacer preguntas cortas y concisas, reformular y generar respuestas adicionales a la que responderá el estudiante. No obstante, se debe entrenar para aprender dichas habilidades. Comienza por ofrecer a tu grupo la oportunidad de poner en práctica algunas ideas, talentos, conductas y cambios conductuales que se dan a causa de tus preguntas y elige la experiencia apropiada que les permita aprender. Cuando quieras contratar un nuevo empleado o aprendiz trata de buscar un escenario que inspire lo que ellos ya han aprendido. Será tan fácil como leer las reglas, dar el ejemplo de una situación de la vida real, señalar a una cosa que esté sobre una mesa o a una persona. Luego, expone un tema que demuestre el proceso correcto del pensamiento. Propone un dilema que se pueda superar mediante el trabajo en equipo o debatiendo sobre la situación. Para las preguntas exploratorias utiliza estrategias de investigación. ¿Qué harías si tal cosa sucediera? Explica, ¿qué me ha sucedido?;

¿Qué estrategias han funcionado y cuáles no?; ¿Qué harás la próxima vez?; ¿Qué haremos?; Quizás hasta surga una discusión. ¿Qué sucederá luego? Finalmente, ofréceles una participación y una chance de autoevaluación. Utiliza luego estos mismos comentarios para construir tu próxima lección y nunca te olvides del pensamiento crítico para recompensarlos. Si ellos se sienten valorados, no volverán a repetir esta conducta.

Aprenderás que cuando el problema es visualizado, descrito y explicado, se da un pensamiento mucho más ordenado. El aprendíz también será capaz de diferenciar entre la información relevante y la que no lo es y buscará razones de por qué suceden las cosas o la raíz de la causa. Ellos justificarán o explicarán por qué una solución funcionará y podrán ver diferentes ángulos o los dos lados de un problema. Intenta reflejar los desafíos en el mundo real. Esto no solo permite a los estudiantes utilizar los datos en el marco referencial correcto, sino que también te permite a ti resolver problemas en tu empresa o negocio, problemas que se dan en el mundo real. Incentiva a tu aprendíz sobre las estrategias que presentas ya que esto es un proceso muy valioso que se debe implementar cuando tengas que resolver los problemas una y otra vez. Si los reclutadores y directores comienzan a buscar empleados con estas habilidades y utilizan el arte del cuestionario para los empleados actuales, el pensamiento crítico se volverá invaluable para el éxito futuro de tu empresa. Hay una ventaja competitiva dentro de los negocios la cual permite la contratación y el avance de pensadores críticos. Quizás muchos trabajadores con estas habilidades obtengan empleos, pero muy pocos tendrán la posibilidad de perfeccionarlas.

Características de los pensadores críticos

Albert Einstein, Henry Ford, Marie Curie y Sigmund Freud fueron algunos de los pensadores críticos que hoy en día tienen influencia sobre nuestra vida moderna. Este tipo de personas piensan de manera clara y racional, creando conexiones lógicas entre las teorías —son esenciales para descubrir y comprender el mundo en el que vivimos.

El pensamiento crítico es más que la recopilación de hechos y conocimientos; es la manera de abordar cualquier cosa que invada tu mente y ofrecer la mejor conclusión posible. Los pensadores independientes se enfocan constantemente en mejorar sus habilidades y dedicar su tiempo al autoaprendizaje. Con esto formamos a los mejores líderes ya que ellos pueden lograr su autosuperación y la trayectoria de autorrealización.

Intenta trabajar en estas 16 características del pensamiento crítico si es que pretendes alcanzar tu máximo potencial y dejar tu huella en el mundo.

1. Observación

La observación es una de las primeras habilidades del pensamiento crítico que aprendemos durante la infancia — es la habilidad entender y percibir el mundo que nos rodea. La capacidad para almacenar información y recolectar datos a través de los sentidos requiere de una observación detallada. Finalmente, nuestra observación nos conducirá a tener una comprensión y percepción más profunda del mundo.

2. Curiosidad

La cuiriosidad es una característica clave que distingue a muchos gobernantes exitosos. Es una cualidad para los líderes que a la vez son pensadores críticos, la cual los convierte en personas realmente inquisitivas e interesadas en el mundo y en las personas que los rodean. Una persona curiosa siempre preguntará por qué una determinada cosa se debe hacer así, en lugar de seguir todo al pie de la letra.

A medida que envejecemos, solemos poner de lado las curiosidades que tienden a ser de adolescentes, pero no es algo fácil de hacerlo. La curiosidad te motiva a tener la mente abierta y te anima a que adquieras conocimientos más profundos —lo que aveces es muy importante porque serías un aprendíz durante toda tu vida.

3. Objetividad

Cuando se aprecia el conocimiento o el escenario, el pensamiento crítico debe ser lo más objetivo posible. Nos enfocamos en los hechos y en el análisis empírico de la información que tenemos disponibles. Una mente abierta busca evitar la influencia sobre las decisiones mediante los sentimientos (y el de los demás).

Aún así, es imposible que las personas permanezcan totalmente imparciales porque todos estamos influenciados por nuestras opiniones, experiencias de vida y percepciones. Ser conscientes de nuestros prejuicios es el primer paso para lograr ser imparciales y buscar sin emoción una pregunta. Una vez que te libres de esa situación, la podrás analizar más cuidadosamente.

4. Introspección

Es el arte de estar al tanto de tus pensamientos —o de saber cómo piensas sobre ciertas cosas, por decirlo de otra manera. Los pensadores críticos necesitan tener instrospección para conocer su grado de alerta, atención y preferencias. Es la habilidad que te permite explorar tus pensamientos, creencias y percepciones más íntimos. La instrospección está estrechamente relacionada con la autorreflexión permitiéndote percibir tu estado mental y tus sentimientos.

5. Pensamiento analítico

Los pensadores críticos, y visceversa, también son los mejores pensadores analíticos. Si se considera algo, ya sea un contrato, un documento, un modelo comercial o incluso una relación, la habilidad de analizar los datos es importante.

Analizar la información significa tener que desglosarla y evaluar qué tan bien trabajan sus partes, tanto solas como en conjunto. El análisis se basa en la observación, recolección y análisis de los hechos para que de esa manera se pueda obtener una conclusión válida. El pensamiento analítico se comienza a dar a través de la objetividad.

6. Identificación de las preferencias

Los pensadores críticos se desafían a ellos mismos para identificar la evidencia que conforma sus creencias y para evaluar si son creíbles o no. Hacer eso te ayudara a comprender tus prejuicios y a desafiar tus nociones infundadas.

Este es un paso muy importante para poder estar al tanto de cómo los estereotipos influencian tus percepciones y entendimiento cuando los datos tienden a distorcionarse. Cuando buscas una información pregúntate a ti mismo quién se beneficiará de la misma. ¿Existe algún motivo para originar esta información?; ¿La fuente ignora los datos que no son de ayuda para los argumentos o convicciones y los deja de lado?

7. Pertinencia determinante

Una de las partes más dificiles del pensamiento crítico es reconocer, según tu consideración, la información más relevante, significativa e importante. En muchos casos, también tendrás a mano el conocimiento que puede ser importante, pero será tan solo un pequeño detalle para recordar.

Debes preguntarte si el tema a ser discutido es teóricamente importante como para ser una fuente informativa. ¿Es realmente útil e imparcial, o simplemente es una distracción del tema más importante?

8. Deducción

La información no siempre viene con un resumen que explica de qué se trata exactamente. Los pensadores críticos necesitan evaluar la información basada en datos y conclusiones sin procesar. La deducción es la capacidad de extrapolar el significado de la información y también cuando se analiza una situación para así descubrir los resultados potenciales.

Entender la diferencia entre deducción y suposición también es importante. Por ejemplo, si ves una información que trata sobre personas que pesan 118 kg, quizás creas que sufren de sobrepeso y que están enfermos. Sin embargo, esta suposición se puede modificar mediante otros puntos de datos, como la estatura y la estructura corporal.

9. Compasión y misericordia

Para los pensadores críticos, tener compasión y empatía puede ser dañino. Los seres sentimentales y emocionales pueden distorsionar la percepción de una situación. Sin embargo, la esencia de la empatía se preocupa por otros y respeta el bienestar de otras personas.

Sin empatía podemos interpretrar tanto el conocimiento como las circunstancias. Dejar que nuestro cinismo se vuelva tóxico y sospeche todo lo que investigamos, será fácil. No obstante, también debemos tener en cuenta que la persona sea un buen pensador crítico. No todo lo que hacemos se trata de informaciones y datos aislados — también se trata de los individuos.

10. Humildad

La humildad es la habilidad de aceptar los defectos que tenemos y percibir de manera correcta los atributos positivos con los que contamos. Tú eres consciente de tus defectos, pero también de tus fortalezas cuando tienes humildad y este es un elemento muy importante en el pensamiento crítico y el cual te ayudará a abrir y expandir tu mente.

Cuando tienes humildad intelectual estás abierto a aceptar los puntos de vista de las otras personas , además, reconoces cuando te equivocas y estás dispuesto a desafiar tus propias creencias cuando sea necesario.

11. Desafiar el *statu quo*

El pensamiento crítico implica desafíar los procesos comerciales de larga data y se rehusa a seguir los métodos tradicionales. Los pensadores críticos buscan respuestas y métodos inteligentes que tomen en cuenta toda la información y prácticas actualmente disponibles, las cuales ellos consideren que sean relevantes. Pueden aparentar polémicos por su disposición al desafiar el *statu quo*, pero es una parte esencial de la mente innovadora y creativa de los pensadores críticos.

12. Tolerancia

Esto permite que los pensadores críticos puedan ver la situación en general y sean capaces de decidir si dar un paso al costado y no involucrarse. Los pensadores críticos evitan involucrarse o ponerse de un lado o de otro dentro de un devate frenético —ellos siempre consideran ambos lados. Estos pensadores no sacan conclusiones apresuradas. Con una mente abierta podemos abordar cualquier problema o circunstancia y aceptar ciertos puntos de vista y opiniones.

13. Eso es incorrecto. Ser consciente de los errores comunes durante la planificación.

Los pensadores críticos no se permiten entrar en ilusiones o malos entendidos que pudieran nublar su lógica y razonamiento. Estamos al tanto de los errores comunes, los cuales son errores en el pensamiento que se escabullen al realizar una declaración o durante las discusiones. Algunos de los errores más comunes del pensamiento son:

- ✓ Razonamiento circular, el cual utiliza la hipótesis de un argumento o conclusión para respaldar el argumento en sí.
- ✓ Método alternativo intelectual. Es cuando te apegas obstinadamente a una perspectiva o declaración sabiendo que existen otras opciones y teorías más poderosas.
- ✓ Correlación causal confusa. En otras palabras, es cuando un problema desencadena otro cuando dos cosas suceden juntas. Esta suposición no se justifica sin tener evidencia directa.

14. Pensamiento creativo

La gran mayoría de los pensadores creativos también pueden ser pensadores críticos eficaces. Para la resolución de problemas, los pensadores críticos ignoran por completo la estructura convencional —ellos son originales. Tenemos una amplia gama de intereses y trabajamos sobre un asunto de perspectivas múltiples. También estamos abiertos a experimentar con diferentes acercamientos y puntos de vista.

La gran diferencia entre los pensadores críticos y los creativos es que la imaginación es sinónimo de creación de ideas, mientras que el pensamiento crítico está relacionado con el estudio y evaluaciones de estas ideas. Para generar nuevas ideas, la imaginación es sumamente importante; el pensamiento crítico generará estas ideas con mayor énfasis.

15. Buenos comunicadores

En muchas situaciones, los problemas interpersonales se enfocan en una incapacidad de poder pensar de manera crítica o ver el problema con perspectivas diferentes. La comunicación eficaz comienza con un método simple de pensamiento.

El pensamiento crítico es como una especie de dispositivo que utilizamos para crear y articular nuestras ideas de una manera coherente. Este pensamiento se basa en seguir los procesos de pensamientos o líneas de razonamiento de otra persona. Un pensador crítico exitoso debe ser capaz de expresar de forma impresionante sus pensamientos y luego interpretar las respuestas de los demás.

16. Oyente activo

Los pensadores críticos no solo desean comunicar sus puntos de vista a los otros, sino que también se comprometen a escuchar de manera activa el de los demás. Durante una conversación o una discusión ellos eligen participar de manera activa en lugar de solo escuchar.

Para poder diferenciar las evidencias de las teorías, ellos hacen preguntas. Recolectan información y obtienen la crítica constructiva mediante las respuestas que ofrecen a las preguntas con finales abiertos, las cuales exploran el problema de manera más cercana.

¿Cómo pensar de manera lógica?

¿Has pensado alguna vez en tener la habilidad de resolver problemas de manera exitosa y fácil? Si es así, debes ser más racional y quizás hasta debas mejorar tus patrones de pensamientos.

¿Has visto la serie televisiva de Sherlock protagonizada por Benedict Cumberbatch? Si la has visto, probablemente tengas envidia de sus impresionantes habilidades de deducción y pensamiento. «¿Cómo puede hacerlo? »La verdad es que tú también puedes hacerlo.

Está bien, quizás tú no puedas resolver un caso de asesinato tan complejo, pero con el objetivo de fomenter la resolución de problemas y la toma de decisiones, tú puedes mejorar el pensamiento lógico. A cambio, estas habilidades te llevarán al éxito personal y laboral.

Aquí se detallan algunos trucos y técnicas que pueden motivarte a tener una mente más abierta.

Sacar conclusiones lógicas

Quizas esto pueda sonarte tonto, pero intenta pensar en una declaración condicional y trata de encontrar pequeños y quizás hasta insignificantes hechos, causas y consecuencias. En primer lugar podemos decir que cuando nieva hace frío. La expresión sería: «Si nieva, afuera helará »

Si la suposición (la primera parte de la oración) es verdad en una oración condicional, la deducción (la segunda parte) también es verdad. Intenta hacer lo mismo con otras cosas (Si se me cae el cellular, se estropeará; si no como, tendré hambre, etc.) y observa si esa asociación hipotética aún es la adecuada.

Jugar a las cartas

¿Quién dijo que sería dificil mejorar tu pensamiento lógico? Es todo lo contrario. Reúnete con tus amigos una vez por semana y jueguen a las cartas, eso te ayudará a estimular tu cerebro para poder pensar de manera fácil y clara. Los juegos de cartas no solo son placenteros y buenos para el alma, sino que también pueden perfeccionar tu memoria, concentración y habilidades analíticas.

Esta práctica es de más ayuda si le agregas técnicas. Los niños pueden jugar al Ocho loco o a la ¡Pesca!, mientras que los adultos pueden jugar al Blackjack o al Poker.

Haz que la matemática sea divertida

No hay duda alguna de que las matemáticas son el mejor ejercicio para mejorar las habilidades analíticas. Sin embargo, puede llegar a ser un pasatiempo aburrido, tanto para niños como para adultos. Por suerte, hay muchas maneras divertidas de trabajar en ello. Mediante juegos matemáticos que se encuentran en diferentes páginas web o en aplicaciones para *smartphones*, tanto los adultos como los niños puede encontrar placer y defasios mentales.

Jugar al Sudoku o hacer otras actividades que impliquen lidiar con números de manera divertida e interesante mejorará la habilidad de la mente a la hora de resolver de forma rápida los problemas reales.

Resolver misterios y descifrar códigos

Aquellas historias y novelas policíacas permitirá a los lectores pensar de manera crítica. Si miras este tipo de películas o programas televisivos, puedes adquirir experiencias similares. Intenta resolver un determinado misterio antes de que el protagonista de la historia lo haga.

No te decepciones si no resulta como lo habías pensado. Solo recuerda las palabras de un famoso héroe escritas al comienzo de este artículo: «Cuando descartas lo imposible, lo que queda, así sea poco probable, debe ser la verdad ». Así que, intenta eliminar lo imposible y lo improbable y la solución vendrá a ti. Otra actividad muy buena para el cerebro es descifrar códigos (que te los cree algún amigo o búscalos en internet).

Dirige un debate

¿Haz estado alguna vez en un dabate en donde no pudiste encontrar los argumentos adecuados para explicar qué era buena y qué no? A todos nos ha pasado. Los debates son muy buenos ya que te permiten observar las causas y consecuencias, convertirlas en argumentos fuertes y encontrar el razonamiento de los mismos.

Como se debe pensar de manera lógica y tomar decisiones apresuparas, las discusiones te ayudarán a agudizar tu mente. Asi que puedes unirte a un grupo de chat o entablar una conversación sobre economía, arte, cultura, literatura, etc. con algún familiar.

Sé estratégico

Debido a que el pensamiento lógico trata de juntar todas la piezas, el pensamiento estratégico juega un papel muy importante en este proceso. Ser un pensador estratégico no solo sobrecargará la mente, sino que también será un recurso muy útil para las elecciones basadas en el trabajo y hasta para obtener éxito en la vida personal.

Por esta razón, algunas de las conductas fundamentals que puedes desarrollar son: la planificación (pensar en lo que está por venir), pensamiento crítico (preguntarse todo), análisis (buscar patrones), determinación (conclusión), e improvización (de tus errores). Practica juegos estratégicos (juegos de mesa, naipes, videojuegos, etc.) y diseña una estrategia para los eventos deportivos para mejorar tu pensamiento estratégico.

Como es importante hallar tu paz interior y enfocarte en tu fe, también es importante que mantengas tu mente continuamente ocupada con juegos y actividades desafiantes para que puedas desarrollar el pensamiento racional, el cual es vital para una existencia productiva y por lo tanto, armoniosa.

Evalúa tu memoria

Tu cerebro se estimula con entrenamiento como cualquier otra parte del cuerpo. Para evaluar tu memoria debes realizar algún ejercicio, es el mejor método. Observa los números de algún formulario o trabajo durante un minuto e intenta recordarlos durante todo el día.

Intenta memorizar pequeñas cosas cada día. Lee una receta de cocina y dedicale tiempo a memorizarla. Memoriza un pequeño fragmento de algún poema o novela. Espera una hora y fíjate cuánto recuerda de todo lo que has intentado memorizar.

Dibuja un mapa de memoria

Puede ser el mapa de tu casa al trabajo, al restaurante, a la casa de un amigo cercano o de otro lugar que visites a menudo.

Prestar atención en los detalles

Hacer el intento de identificar las cosas que no tienen mucho sentido puede ser una buena herramienta que te ayudará a ser mucho más sensato. ¿Has visto como el diario de tu amigo está deteriorado?; ¿Sueles hacer una lista de las acciones que se llevan a cabo en tu escuela o facultad?; ¿Buscas errores de puntuación en los textos? Si la respuesta es no, sería un buen momento para empezar a practicar dichos ejercicios. Cuanto más la proceses, mejor funcionará tu mente. Con el tiempo, te convertirás en un pensador más enérgico.

Otros trucos:

Basado en el pensamiento lógico, otro truco sería la lectura. Practica incorporar a tus lecturas la lógica inductiva o deductiva —evitan que cometas errores.

RAZONAMIENTO INDUCTIVO: Cuando razonas de manera inductiva y la usas para crear una conclusión general, empiezas teniendo muchas instancias (hechos u observaciones). Piensas de manera inductiva si percibes los hechos. Utilizar la probabilidad de generalizar, a eso se lo llama salto inductivo. Por lo tanto, las afirmaciones inductivas tienden a producir hipótesis probables y verosímiles en lugar de producir certeza. El lector crea la conclusión que tu quisiste crear cuando tu prueba se reforzó. Debes asegurarte que la cantidad de evidencia sea adecuada y que no dependa de análisis extraordinarios y distorsionados. Asegúrate de no haber omitido los hechos que invalidan el argumento (conocido como «aspecto descuidado ») y ofrecer la evidencia justa que respalde la conclusión predeterminada (llamado «enfoque »).

RAZONAMIENTO DEDUCTIVO: Si piensas de manera deductiva y extiendes ese pensamiento a una instancia en particular para concluir esa instancia, comenzarás brindando generalizaciones (hipótesis). El razonamiento deductivo también involucra al silogismo, una línea de pensamiento que consiste en ofrecer una hipótesis mayor, una menor y una conclusión; por ejemplo, todas las personas son tontas (hipótesis mayor); Smith es un hombre (hipótesis menor), por lo tanto, Smith es un tonto (conclusión). Por ejemplo, para aceptar ese argumento el lector debe aceptar los conceptos y principios que habías escogido como conjeturas. No hay discusión sobre dichas conjeturas. Es importante también analizar un silogismo junto a una hipótesis mayor o menor que esté explícita, o hasta incluso junto a una conclusion tásita porque la afirmación excluida puede constituir una generalización incorrecta.

El modelo argumentativo de Toulmin: es otra manera de ver el mecanismo del pensamiento lógico. Este modelo es menos limitado que el silogismo y se importa por los elementos de probabilidad, respaldo, o pruebas de las suposiciones y refutaciones de las oposiciones de los lectores. Este método observa que las afirmaciones se van desde hechos acordados o evidencias (datos) a una conclusión (afirmación) mediante una aseveración (orden) conformando una relación imparcial entre los dos. La orden siempre está de manera implicita en los argumentos, y para ser aceptada, como lo es la suposición tácita en el silogismo. El autor puede causar una gran conjetura que ya se esperaba. Es muy probable, posible, y a la vez seguro que las personas calificadas demuestren el grado de certeza de las conclusiones; los términos de refutación y objeción, a menos que el escritor permita, serán anticipadas.

FALACIA: deben haber dos declaraciones, una verosímil y una deductiva. Un argumento real se basa en conjeturas con buenos respaldos que por lo general son aceptados. Aprende a distinguir entre hechos y opiniones (basados en preferencias personales y en datos comprobables). Un argumento válido adecúa un patrón de los pensamientos lógicos.

Las falacias son una falla (la verdad) y lógicas (validez) en las conjeturas. Ellas resultan del uso incorrecto o distorción de la evidencia dependiendo de las hipótesis defectuosas u omitiendo una hipótesis necesaria, o distorsionando el problema. Algunas de las mayores falacias son las siguientes:

Incongruencia: una declaración que no sigue lo que se había dicho anteriormente; en otras palabras, es una conclusión que no proviene de la hipótesis.

Generalización apresurada: se basa en evidencia deficiente, excepcional o parcial.

Agresión personal: hacerle una pregunta al individiuo en lugar de lidiar con el problema en sí de manera objetiva.

Causa: Un argumento que dice: «Todos hacen muchas cosas y creen en eso, entonces tú también deberías hacerlas ». Pista falsa: eludir en problema real al prestar atención a cuestiones irrelevantes.

Asegurar que hay solo dos opciones cuando en realidad hay más.

Analogia falsa: la creencia de que algunos casos, si dos eventos son los mismos, deben ser únicos. Ambieguedad: una conclusión que en dos sentidos diferentes depende erróneamente del uso de la palabra.

Situación resbaladiza: creer que este será el primer paso en un espiral cuesta abajo si un elemento es aprobado.

Simplificación excesiva: un comentario o punto de vista que deja fuera a un asunto relevante.

Implorar por una pregunta: una declaración que reafirma el propósito que se ha creado. Dicha declaración es condicional si el propósito mencionado en la suposición es percibida como una conclusión.

Beneficios del pensamiento crítico: ¿Por qué son importantes?

¿Cuántas veces has escuchado la siguiente frase? «Pon los pies sobre la tierra y piensa de forma crítica ». Es muy común escucharla decir a algún familiar, estudiante, profesor o alguna persona que ya conoce el mundo y está de acuerdo con que la práctica del aprendizaje consciente sobre una materia o concepto sin tener sentimientos u opiniones que te influencien es la mejor manera de lidiar con este entorno. Pero, ¿es esto válido en todo momento? Este ensayo intentará brindarte tanto los beneficios del pensamiento crítico como sus desventajas con una respuesta racional para cada pregunta. Tenlo por seguro que día a día podrás descubrir la relación áurea de usar las habilidades del pensamiento crítico.

Una cara de la moneda: 5 ventajas del pensamiento crítico:

- ✓ La habilidad de pensar de manera lógica y racional;
- ✓ La habilidad de interpretar los hechos de forma objetiva;
- ✓ La habilidad de comprender la conexión lógica que se da entre las ideas;
- ✓ La habilidad de tomar decisiones bien fundadas, etc.

Descubramos por qué estas habilidades se consideran útiles.

1. Eres capaz de evaluar los problemas sin preferencia alguna

Muchas personas abordan las cosas de manera diferente — algunas se valen de sus valores, percepciones, sentimientos o del pensamiento de alguien más. Todo esto influye en cómo lidiamos con un problema u otro, en especial aquellos que tratan temas controvertidos como el aborto, la pena de muerte, las pruebas de laboratorio en animales o el tema de la inmigración. Con evidencia sólida, hay muchas preguntas que se deben responder. Pero, ¿Qué te ayudará a resolverlas? Sí, el pensamiento crítico te perminitirá recolectar y analizar información relevante y traducirlas con exactitud para obtener conclusiones y soluciones sensatas.

2. Puedes predecir cómo terminarán las cosas

Fuerza de voluntad, inteligencia, experiencia, inspiración, entender a la persona correcta, estar en el lugar correcto y a la hora correcta brinda éxitos a una persona para que pueda vivir en este mundo moderno. Además, hay otro aspecto que permite lograr el progreso —la habilidad de predecir qué sucederá y las necesidades del futuro.

¿Cómo puede ser esto posible? Analítica y críticamente, tú conoces los problemas actuales mediante el reconocimiento de las conexiones lógicas entre las ideas y los argumentos. Por ejemplo, Heather A. Butler junto a sus colaboradores Christopher Pentoney y Mabelle P. Bong estudiaron a 244 participantes; investigaron la importancia del pensamiento crítico e intelectual para predecir los resultados del mundo real. Como resultado, se sabe que el pensamiento crítico es un mejor indicador de estos resultados que el conocimiento. Así que, comienza a desarrollar tus habilidades del pensamiento crítico ahora mismo para saber cómo te irá en muchas áreas importantes de tu vida —economía, industria, publicidades, ventas, etc.

3. Te comunicas con los demás y compartes tus ideas de manera eficaz

Es fundamental que envíes un mensaje al público objetivo—debes ser tu propio jefe, colega o profesor— cuando analizas una pregunta y predices las posibles respuestas. Por lo general, el pensamiento crítico desconecta todos nuestros pensamientos de la expresión pública con respecto a un argumento. Solo debes tener entre manos una visión realista de la situación y cómo resolver el problema, siempre con la colaboración de un amigo u otro individuo. A la vez, abre tu mente para tener una visión diferente de lo que también puedes percibir con la ayuda de los basamentos lógicos.

4. Eres capaz de hallar soluciones ante problemas complejos

Es particularmente valioso cuando una persona puede definir, evaluar problemas e incluso predecir y resolverlos de manera sistemática en lugar de resolverlos por intuición o instinto. Aún debes esperar lo mejor —por ejemplo, tener fe en que llevarás a cabo una tarea compleja en un negocio. En este caso, esto te garantizará un ascenso profesional. Esto también tendrá un impacto en tu vida en general. En efecto, abordar un problema complejo es una gran responsabilidad. Sin embargo, no te imaginas todas las preguntas que serías capaz de responder si pones en práctica las habilidades del pensamiento crítico.

5. Eres muy valorizado por tus jefes

Si el pensamiento crítico es uno de tus atributos, pues ya te hemos mostrado todas las oportunidades laborales que tendrás. ¿Qué suelen hacer los estudiantes cuando se gradúan de la universidad? Se preguntan: «¿En donde puedo hallar el empleo de mis sueños? ». Para ellos, esta es una pregunta muy común. Es por esa razón que dentro del pensamiento crítico, si quieres sobresalir de inmediato en una postulación laboral, debes continuar hasta lograr el éxito. Si un experto en RRHH ve tus fuertes habilidades de pensamiento crítico en tu CV, carta de presentación o durante la entrevista, tenlo por seguro que muchas puertas de las principales empresas de negocios se abrirán para ti. Muchas compañías están en la búsqueda de candidatos que sean pensadores críticos, comunicativos, constructivos e innovadores.

El lado opuesto de la moneda: 5 desventajas del pensamiento crítico

En algunas situaciones el pensamiento crítico es tan importante como el aire que respiras, como ser durante una entrevista o cuando realizas una prueba, pero no siempre. En la infancia, cuando te preguntaban: «¿Qué te gustaría ser? », tú quizás respondías automáticamente: «Cuando crezca quiero ser periodista o sueño con ser un artista », pero luego creciste y toda la inocencia y actitud positiva fueron destruidas cuando la realidad y funcionalidad de la vida te abasallaron.

El pensamiento crítico puede destruir los sueños. Durante un momento sueñas con ser el mejor artista de todos los tiempos y verás todas sus ventajas, y podrás tapar todos los agujeros cuando comienzas analizarlo de manera crítica. Comenzarás a pensar las cosas dos veces y podrás afrontrar interminables dilemas. ¿Tienes que mudarte a otra ciudad?; ¿Tienes la capacidad para convertirte en artista?; ¿Eres una persona competitiva? La lista continúa.

Puedes sentirte orgulloso de tu habilidad con respecto al pensamiento crítico, tengas el nivel que tengas. Sin embargo, aquí hay algunas cuestiones que quizás te depriman un poco.

1. Las bromas de tus colegas ya no son divertidas

Puede ser una buena experiencia pasar un buen rato con tus amigo, pero cuando comienzas a analizar todo, de repente, sus bromas ya no te hacen gracia y ya no son divertidas.

¿Cuántas veces les has desviado la mirada y piensas

«momento amateur » cuando escuchas una de sus repetidas

bromas? Además, cuando quieren que sonrías, frunces el ceño.

2. Te preocupa mucho la igualdad de género

Si tu novia/novio se pone efusivo por la invitación a una fiesta que has recibido y no tomas en cuenta la igualdad de género. ¿No crees que tienes una idea un tanto diferente?

3. Te sientes avergonzado cuando tus compañeros de grupo toman la palabra

Y como ya lo habías pensado, ellos son incapaces de expresar sus pensamientos de manera lógica o inteligente, por lo que sientes pena por tus compañeros de grupo y a la vez te sientes avergonzado porque hablas de ellos de cierta forma, pero tú también eres así en algún punto.

4. Estás solo con tus libros

No solo disfrutas leer novelas que tus compañeros odian, sino que tampoco puedes expresarles los detalle más mínimos de la historia porque pensarán que has enloquecido y que por esa razón te sonríen en todo momento.

5. Tu única compañía eres tú

Es dificil admitirlo, pero solo puedes conversar contigo mismo sobre los temas que realmente te interesan. ¿Quién puede pensar que el cambio climático es un enfoque biocultural?; ¿Quién sabe que concientizar sobre la energía solar es importante?; ¿Quién es el único que defiende a Severus Snape por hacer de todo para proteger a Harry? De seguro, eres el único.

Bien, en definitiva, el pensamiento crítico tiene sus beneficios y es muy útil en algunas situaciones (¡recuerda a Sherlock Holmes!). Sin embargo, durante la mayor parte del tiempo quitará toda la diversion a la situación y frustará a las personas que estén contigo.

Las empresas que deseen continuar siendo competitivas y eficaces necesitan contratar empleados que puedan pensar de manera crítica. Contratar a alguien con título no es suficiente. Las personas que resuelven grandes problemas, que son curiosos y tienen lógica deben ser los nuevos contratados. De acuerdo a estudios industriales, y a los que evalúan la postulación de los canditados, las capacidades más requeridas por las empresas de todo el mundo son las de poseer tácticas y pensamiento crítico. La resolución de problemas, la toma de decisiones, el planeamiento estratégico, la gestión de riesgos y por supuesto el pensamiento crítico fueron las capacidades laborales indispensables que incluyó en su lista el Ministerio de Trabajo de los Estados Unidos. Los jefes esperan que los trabajadores cuenten con más capacidades y no solo con conocimientos de un manual o con habilidades técnicas, por lo que el pensamiento crítico sería fundamental para el desempeño de un empleo y flexibilidad de la carrera. También se descubrió que el pensamiento crítico se considera uno de los atributos más importantes, el cual haría crecer el negocio, incluso más que la creatividad y la Tecnología de la Información.

Los ambientes laborales suelen cambiar con frecuencia, lo cual pone bajo presión a los trabajadores. Los empleados no confiarán por mucho tiempo en la otra persona, ni les darán la responsabilidad de que tomen decisiones claves, por lo que se verán obligados a tomarlas ellos de manera apresurada. Las buenas decisiones incluyen: concentrarse en las informaciones más importantes, hacer las preguntas correctas y sacar las mejores conclusiones de manera que muy pocos de los demás empleados tengan esas mismas habilidades. Un studio realizado por la asociación Human Resource Managers (SHRM) descubrió que casi el 70% de los empleados que cuentan con secundario no cuentan con las habilidades del pensamiento crítico. En otro estudio reciente se pudo observar que durante los dos primeros años de facultad el 45% de los estudiantes graduados no han mostrado mejoras notables en relación al desarrollo del pensamiento crítico o las habilidades de razonamiento. El 36% ni siquiera mostró, en cuatro años, un pequeño avance en el pensamiento crítico. Cuando estos estudiantes dejen la facultad y se adentren al ámbito laboral, no estarán preparados para afrontar los desafíos laborales del mundo. Si los directores dicen que las habilidades del pensamiento crítico son muy valoradas, los candidatos que presenten estas habilidades serán muy requeridos y dificiles de encontrar. Las habilidades del pensamiento crítico tendrá un valor invaluable. Algunos tipos de empleos y ambientes suelen cambiar, por lo que la flexibilidad y la adaptabilidad se volverán cruciales para enfrentarse a las condiciones del mundo real y algo que deberá proyectarse en la entrevistas por parte de los consultores de Recursos Humanos. También es importante que tus empleados de siempre puedan desarrollar las habilidades del pensamiento crítico.

Para poder llegar a los profesionales mediante la ayuda de recursos humanos se debe utlizar un pensamiento de contratación preliminar. Los individuos que obtengan un buen puntaje en esta prueba deben demostrar una excelente habilidad analítica, un buen dictamen, excelente toma de decisiones y un buen desempeño en general. Por lo general, también demuestran la habilidad de examinar los valores de los datos ofrecidos, son innovadores, poseen mejores técnicas de trabajo y siempre obtienen un ascenso en tu empresa. Existen algunas evaluaciones que comprueban las habilidades duras de los directivos o candidatos profesionales. Las investigaciones demuestran que las posiciones de gestión de alto nivel también requieren del pensamiento crítico y de la habilidad de aprender rápido y de procesar la información de manera exacta. Las organizaciones que incluyen tanto el pensamiento crítico como la prueba de personalidad en las prácticas de contratación tendrán excelentes perspectivas de candidatos que aquellas organizaciones que utilizan solo las evaluaciones de pensamientos críticos.

Mediante la incorporación de estrategias exploradoras, es posible ayudar a que los trabajadores se conviertan en pensadores tácticos y en pensadores de orden superior. Las mejores entrevistas permiten a los aprendices a que puedan interpretar y sintetizar los datos de manera más eficiente. Este método se puede volver automático por medio de la repetición del objetivo que sería la transferencia de información en nuevas situaciones y escenarios. En algunas aulas se le enseña a los estudiantes que no deben ser necesariamente buenos pensadores o interrogadores para ser buenos oidores. El pensamiento pasivo no mejora las habilidades cognitivas o cambios conductuales de inmediato. Tendrás más éxito si participas de manera activa en el proceso de aprendizaje y te ofrecerá más resultados a largo plazo.

El conocimiento que se obtiene y se interpreta mediante el pensamiento de orden superior se almacena por más tiempo que la memoria convencional. El conocimiento es de fácil transferencia e implementación, lo que resulta en una mejor solución de problemas. Luego, el cuestionario se convierte en una parte vital del proceso de enseñanza y aprendizaje. Para perfeccionar el arte del cuestionario se debe comenzar por determinar qué información ya se tiene y así permitir al instructor o guía que pueda desarrollar nuevas ideas y puntos de vistas. Es posible utilizar métodos exploratorios para promover la habilidad del pensamiento en los estudiantes.

Confecciona preguntas relevantes. Desarrolla la estrategia. Incentiva el dialogo abierto y la participación.

Preguntas con finales abiertos llevan a que el estudiante analice y evalúe de manera más efectiva. Uno de los elementos habilidosos más importantes de un cuestionario es hacer preguntas cortas y concisas, reformular y generar respuestas adicionales a la que responderá el estudiante. No obstante, se debe entrenar para aprender dichas habilidades. Comienza por ofrecer a tu grupo la oportunidad de poner en práctica algunas ideas, talentos, conductas y cambios conductuales que se dan a causa de tus preguntas y elige la experiencia apropiada que les permita aprender. Cuando quieras contratar un nuevo empleado o aprendíz trata de buscar un escenario que inspire lo que ellos ya han aprendido. Será tan fácil como leer las reglas, dar el ejemplo de una situación de la vida real, señalar a una cosa que esté sobre una mesa o a una persona. Luego expone un tema que demuestre el proceso correcto del pensamiento. Propone un dilema que se pueda superar mediante el trabajo en equipo o debatiendo sobre la situación. Para las preguntas exploratorias utiliza las estrategias de investigación. ¿Qué harías si tal cosa sucediera? Explica, ¿qué me ha sucedido?;

¿Qué estrategias han funcionado y cuáles no?; ¿Qué harás la próxima vez?; ¿Qué haremos?; Quizás hasta surga una discusión. ¿Qué sucederá luego? Finalmente, ofréceles una participación y una chance de autoevaluación. Utiliza luego estos mismos comentarios para construir tu próxima lección y nunca te olvides del pensamiento crítico para recompensarlos. Si ellos se sienten valorados, no volverán a repetir esta conducta.

Aprenderás que cuando el problema es visualizado, descrito y explicado, se da un pensamiento mucho más ordenado. El aprendíz también será capaz de diferenciar entre la información relevante y la que no lo es y buscará razones de por qué suceden las cosas o la raíz de la causa. Ellos justificarán o explicarán por qué una solución funcionará y podrán ver diferentes ángulos o los dos lados de un problema. Intenta reflejar los desafíos en el mundo real. Esto no solo permite a los estudiantes utilizar los datos en el marco referencial correcto, sino que también te permite a ti resolver problemas en tu empresa o negocio, problemas que se dan en el mundo real. Incentiva a tu aprendíz sobre las estrategias que presentas ya que esto es un proceso muy valioso que se debe implementar cuando tengas que resolver los problemas una y otra vez. Si los reclutadores y directores comienzan a buscar empleados con estas habilidades y utilizan el arte del cuestionario para los empleados actuales, el pensamiento crítico se volverá invaluable para el éxito futuro de tu empresa. Hay una ventaja competitiva dentro de los negocios la cual permite la contratación y el avance de pensadores críticos. Quizás muchos trabajadores con estas habilidades obtengan empleos, pero muy pocos tendrán la posibilidad de perfeccionarlas.

Evaluar los patrones de pensamiento

La sabiduría adapta el aprendizaje y la experiencia a una situación para poder tomar decisiones sensatas. Así es como relacionamos nuestro conocimiento (cómo sabemos las cosas) y la experiencia (por qué cosas hemos pasado) a lo que hacemos (actuación), lo que sentimos (percepción) y cómo lo consideramos (juzgar). La sabiduría signifca que incorporemos lo que hemos escuchado, y ponerla en práctica solo medio tiempo, no en todo momento. Por lo tanto, la sabiduría proviene de la puesta en práctica. Si no Podemos hacer lo que escuchamos, no podemos adquirir inteligencia. No puedes leer la sabiduría; no la puedes memorizar; no la puedes repetir de memoria; no es posible aprenderla; solo puedes tener sabiduría si escribes, memorizas, estudias y narras. Solo mediante la práctica se puede obtener conocimiento, el cual no se puede conseguir con el silencio (ociosidad); el conocimiento se debe usar (aplicar) antes de que se puede alcanzar.

La sabiduría es parte de una secuencia de eventos asociados a incrementar nuestra capacidad mental y nuestra memoria. Está ubicada en el segundo nivel del Desarrollo intelectual humano; se encuentra entre dos elementos interrelacionados en los cuales la habilidad intelectual y psicológica de una persona no puede ser explorada o usada. Para aprender cómo obtener más conocimiento, primero debes considerar cómo se aplica y cómo depende de los otros dos factores que lo complementan. Con esto nos referimos a los tres fundamentos del desarrollo intelectual.

APRENDIZAJE: este es el primer paso hacia el desarrollo mental y cognitivo. Así es como se da inicio al crecimiento cognitivo o intelectual; se lo describe como una tentativa deliberada para adquirir información específica de un tema o problema. Adquiere datos. La educación trata de recolectar, aumentar o aprender del conocimiento o de la información. Por lo tanto, cada proceso de aprendizaje resulta en la recolección o adquisición de conocimiento o información. Lo que siempre obtendrás del aprendizaje es inteligencia, lo que sería información. Esto significa que los datos se guardan y se procesan después de que el proceso de aprendizaje haya acabado. Por lo tanto, el resultado de cualquier educación que recibas será el de obtener conocimiento sobre algunos temas o problemas. Contar con ciertos conocimientos no significa que eres listo o inteligente, simplemente que estas bien informado. Como dice el viejo refran: «aquél que entiende y a la vez no entiende lo que hace es igual a aquel que no sabe o no puede ». Es por eso que el aprendizaje (conocimiento) solo no es suficiente para lograr un alto nivel de habilidad mental e intelectual. Es la necesidad que nos lleva al segundo nivel de nuestra trayectoria hacia el desarrollo cognitivo y mental; es el nivel de poner en acción (sabiduría) las cosas.

REALIZACIÓN: aquí es en donde el primer paso de tu trayectoria hacia el desarrollo cognitivo y mental se originará. Como el aprendizaje busca ganar conocimiento o información, el conocimiento aprendido se encuentra, por lo general, en un estado inactivo esperando a ser motivado. Todo lo que has experimentado, ya sea mediante la lectura, interpretación o experiencia, no sirve de nada a menos que lo pongas en práctica (aplicar). La importancia del aprendizaje no está en la obtención de hechos o de experiencia, sino en la utilidad de su funcionalidad cuando se lo aplica en situaciones y circunstancias del mundo real. Esta es la fuente de la sabiduría: la inteligencia y el conocimiento añadido. Para obtener sabiduría, primero de debes adquirir conocimiento o información mediante la lectura, pero solo después de haber aprendido que uno es capaz de recibir sabiduría.

La sabiduría consiste en un conocimiento o información aplicados correctamente. Aprender algo mediante la lectura (conocimiento) es muy diferente a aprender algo mediante la práctica (sabiduría). El resultado de todos los actos son diferentes. Mientras que es verdad que no puedes obtener uno sin obtener el otro, es verdad también que los dos producen dos resultados significativamente diferentes.

La fase de actuar es muy importante para el desarrollo psicológico e intelectual de una persona porque es la habilidad de adquirir y personalizar lo que ya se había pensado. La fase de actuación permite llevar la vida a un modo inactivo, convirtiéndote en un creador en lugar de ser solo un poseedor de información o conocimiento. A medida que incorporamos lo que leemos, nos volvemos más inteligentes ya que obtenemos visiones más profundas con la yuda del uso de la repetición inactiva del conocimiento o información obtenida de algo más concreto y efectivo.

Aquí ese en donde el conocimiento o información es transformada de un recurso inactivo (pasivo) a un recurso práctico (activo). Cuando nos encontramos en fase de aprendizaje, nuestro objetivo no debe ser conocido, debe usarse (aplicar) a lo que ya sabemos. Así es como se adquiere conocimiento. ¿Por qué el conocimiento es tan importante para el desarrollo y para la parte intelectual? No se puede lograr la comprensión sin sabiduría. Por consiguiente, en nuestro camino hacia el desarrollo mental e intelectual, logramos el proceso final: la comprensión.

COMPRENSIÓN: es la interpretación del conocimiento y la experiencia para lograr y captar su significado. El conocimiento es la comprensión de la visión y los hechos obtenidos en una situación o escenario práctico. Atraviesa tu mente como un rayo. Para comprender mejor, más lectura (conocimiento) y actuación (sabiduría) expandirá tu mentalidad. La comprensión solo se da cuando pones en práctica lo que has leído. En otras palabras, el entendimiento solo se obtiene cuando puedes hacer uso de lo que has aprendido antes. Esto quiere decir que solo una persona sabia puede adquirir conocimientos porque eso se da después de que ya has aprendido.

CONOCIMIENTO (aprendizaje); SENSATEZ (hacer las cosas); COMPRENSIÓN (interpretación). El entrenamiento nos anima a saber qué hacer, al igual que la experiencia, mientras que el aprendizaje nos ayuda a percibir y poner en perspectiva lo que hemos aprendido y logrado. El saber es hacia dónde miramos y obtenemos el conocimiento (lo que hemos aprendido) y la comprensión (lo que hemos hecho).

Conclusión

Una vez que hayas entendido y puesto en práctica el pensamiento crítico, verás que es una herramienta muy poderosa. También es importante poder entender más acerca de los eventos y mecanismos que involucra este pensamiento cuando se pretende desarrollar las habilidades para lograrlo. Una vez aceptado, las preocupaciones sobre la aplicación exitosa de este pensamiento se disiparán. El pensamiento crítico puede transformar el proceso de razonamiento en un lenguaje claro, convincente, honesto y diseñado cuidadosa y lógicamente. Al mismo tiempo, las experiencias y las reacciones pueden transformarse en teorías, pensamientos, observaciones, conclusiones, hipótesis, preguntas, opiniones y argumentos lógicos.

Hay muchos malos entendidos sobre el pensamiento crítico que continúan desalentando a la gente a que lo perfeccionen. Desafortunadamente, muchos suponen que el proceso es muy difícil y no saben de qué manera el proceso puede ayudarlos en su vida personal, como también en el ambiente laboral.

Si ya fuiste capaz de atravezar el proceso de entender el problema, ver todas las opciones posibles, recopilar información para las soluciones, y evaluar todo puedes estar seguro de que serás capaz de tomar solo una decisión. Pondrás tus habilidades del pensamiento crítico en práctica una vez que atravieces todo el proceso completo. Como pasa con todas las cosas que se hace por primera vez, esto te podrá parecer poco convencional, pero a medida que practicas estas técnicas, tus habilidades de pensamiento crítico crecerán y evolucionarán cada vez más.

Necesitas entender que, en términos generales, la habilidad de pensar de manera crítica puede variar de persona en persona ya que se basa en su nivel de exposición ante diferentes asuntos y cuán bien lo resuelven. Lo bueno es que puedes aprender y desarrollar la habilidad de pensar de manera crítica y disfrutarlo al máximo.

Reorganiza Tu Cerebro

¿Cómo Cambiar Su Mente Ansiosa y Sus Hábitos A través de la Afirmación?

Averígualo con éste Libro.

(Disponible Para Adolescentes Y Adultos)

DAVID MCKAY

Felicitaciones por comprar ***Reconfigura Tu Cerebro***, y gracias por hacerlo. ¡Hay muchos libros sobre este tema en el mercado, gracias de nuevo por elegir este! Se hizo todo lo posible para asegurar que esté lleno de tanta información útil como sea posible. ¡disfrútalo!

colorize-it.com

Introducción

La Tierra tiene 4.500 millones de años. La historia de la vida en La Tierra tiene aproximadamente 3 mil millones de años. Imagina que todo empieza en un estanque. Se desencadena una tormenta con abundantes descargas eléctricas, luz ultravioleta y descargas electromagnéticas que producen la aparición de la primera molécula orgánica. La Tierra es un planeta caliente, por lo que es posibleque, en ese estanque, las moléculas orgánicas puedan ser combinadas para formar la primera y primitiva célula. De hecho, no hay ningún microbio más prolífico y más resistente que las bacterias.

No hay lugar en la Tierra donde no haya bacterias. Debo decir, por otro lado, que esta idea del estanque, donde se formó esta sopa primordial que dio origen a la vida, es la versión oficial del origen de la vida en la Tierra y que sirve a la posición que nos concierne, aunque, obviamente, hay un gran debate sobre este tema, ¿de dónde viene el primer atisbo de vida en nuestro planeta?

El 28 de febrero de 1953, Francis Crick y James Watson, como tantos otros días, en el Cambridge Eagle Pub. Pero ese día era especial, tan especial que Crick no dudó en pronunciar en el pub, y sin haber ingerido cerveza, la famosa frase: "Hemos descubierto el secreto de la vida". Unos pocos meses Posteriormente, se publicó un artículo, que ocupaba una sola página en la prestigiosa revista Science, y en 1968 su descubrimiento les valió el Premio Nobel. Y lo más sorprendente de todo es que su declaración era cierta, el ADN contenía un código escrito a lo largo de una majestuosa escalera entrelazada (que se ha llamado doble hélice) de longitud potencialmente infinita. Este código copiado en sí mismo y explicó las recetas de proteínas mediante un diccionario de expresión que unía el ADN a las proteínas. Como resultado, la forma en que el gen transmite sus mensajes y programas el desarrollo del organismo comenzó a ser entendido. Desde entonces, Crick se ha dedicado a otras necesidades y, sobre todo, vive obsesionado con "la búsqueda científica del alma". Francis Crick es realmente un tipo peculiar. Cuando Ramachandran habla de él, dice que, si pudiéramos medir las creencias religiosas y necesita un valor inicial, el "punto cero" podría ser establecido tomando a Crick como referencia.

Ahora estábamos en septiembre de 1971. Crick está en Ereván (Armenia), asistiendo una conferencia científica de la "comunicación con inteligencia extraterrestre". Él estaba en la compañía de su amigo Leslie Orgel, uno de los destacados especialistas en el problema del origen de la vida. Entonces Crick fue poseído por una de sus brillantes ideas: "La vida en la Tierra se ha originado a partir de organismos enviados en una nave espacial, proviene de una civilización superior de en algún otro lugar. Algunos lectores pueden sentirse tentados a creer Afirmación de Crick, pero esta declaración nunca resolvería el problema ya que nos obligaría a saber cómo surgió la vida en ese otro planeta. Por otro lado, su declaración genera algunas otras dudas que deben resolverse; ¿Cómo sabe Crick que el barco no fue triplicado? ¿Dónde está el planeta "algún otro lugar"? ¿Tomó Vodka Crick esa noche? ¿Será nuestro amigo Crick un extraterrestre?

Capítulo 1: Breve historia

Hemos comentado que la vida en la Tierra se remonta a 3000 millones de años. Bueno, si hacemos un documental de 2 horas sobre esta historia, la parte dedicada a la existencia del hombre duraría solo los últimos 16 segundos. Los Homo Sapiens solo han estado en la Tierra durante unos 150.000 años. Otras especies de homínidos como Homo Habilis y Homo Ergaster nos han precedido, mientras que otros como el Hombre de Neandertal y el Homo Erectus cohabitaron con los antepasados de nuestra propia especie. Como Eduald Carbonell señala en el prólogo del libro de Manfred Baur y Gudrun Ziegler "La aventura del hombre", hace 2,7 millones de años, un ser que caminaba sobre dos piernas rompió con su naturaleza primitiva y aquí comenzó la historia de la humanidad.

Hace solo 15 millones de años, África era un inmenso manto visto desde el Atlántico hasta el Océano Índico, un lugar ideal para antropoides y otros primates. En esta selva tropical, aquellos que vivía en las tierras altas solía sobrevivir, y los que se quedaron en el suelo solía morir. La vida se desarrolló allá arriba en los árboles.

Algunos de los mayores retos fueron bajar a comer algo o arreglarse ellos mismos. Pero la Tierra se estaba calentando, en la sequedad y el páramo se extendía, y África Oriental comenzó a agrietarse por falta de agua. Así, esos antropoides Los primates fueron expulsados del paraíso terrenal a la sabana. Su objetivo era sobrevivir, por lo que tenían que caer al suelo cada vez con más frecuencia para poder comer, beber o encontrar un refugio que los liberara de los depredadores.

Aquí comienza nuestra existencia como especie. Es curioso que los vertebrados de la vida terrestre caminan erguidos apoyados en sus patas traseras. Una de las explicaciones sugiere que lo hicieron para refrescarse. Cuando bajamos de los pocos árboles que quedaban, estuvimos más tiempo expuestos al sol ardiente de las llanuras, así que las insolaciones amenazaban nuestra existencia. La postura bípeda disminuyó el impacto térmico al evitar que el sol literalmente aplastando la espalda y la espalda de los de nuestro ancestro, lo que permitía solo exponer la cabeza y hombros para dirigir la radiación del astro rey. Otra ventaja relacionada con esto sería la posibilidad de no recibir el calor que irradia la tierra recalentada por el sol sobre toda la superficie del tronco. Otra hipótesis que intenta explicar la marcha bípeda es la que señala la necesidad permanecer erguido para explorar el horizonte y ver la presencia de animales que puedan poner en peligro su integridad física.

En cualquier caso, este cambio significó un conjunto neoanatómico variación que nos acerca a nuestra constitución actual. En una postura erguida, nuestra pelvis soportaba mucho más peso, lo que nos obligó a modificar nuestro centro de gravedad. Las articulaciones y columna vertebral adaptadas a la nueva distribución del peso. La postura de la cabeza fue modificada, y todo su peso ahora descansa sobre la columna vertebral mientras los ojos miran al frente, lo que amplió el campo visual. Este acercamiento de los ojos hacia el centro del rostro mejoró la percepción de profundidad y relieve del objeto. La línea evolutiva de esos primeros homínidos se había separado hace dos millones de años del mismo tronco, lo que también evolucionaría a chimpancés y bonobo. Solo 6 millones de años nos separan de los parientes más cercanos que aún están vivos.

Hace unos 3,9 millones de años surgieron los primeros primates que nos precedieron, caracterizados por su andar erguido y su capacidad para oponer el pulgar a los otros dedos. Fueron los australopitecinos los que poblaron la Tierra durante un millón de años (450-500 cc de capacidad craneal). En consonancia con estos surgió el Homo Habilis (700 cc de capacidad craneal) que inauguró la era "Homo" en Etiopía hace unos 2,5 millones de años y que utilizó herramientas para matar a sus presas e incorporó la carne a su dieta.

Hace unos 2 millones de años (nuevamente en Etiopía), el Homo Erectus (900 cc de capacidad craneal) surgió, un homínido dispuesto a caminar largas distancias, lo que permitió su salida de África 1.8 hace millones de años. Una especie derivada del Homo Erectus Surgió además en África hace 800.000 años. Era homo Antecesor (1.400 cc de capacidad craneal) cuyos restos Aparecen en el yacimiento de Atapuerca. Aquí el tema comienza a ser algo más confuso. Parece que el resto de humanos La evolución es el resultado de una serie de migraciones de África al viejo mundo. Como hemos dicho, el Homo Erectus primero salió hace 1.8 millones de años, luego el Homo Antecesor hace 800.000 años. Esto fue seguido por la migración de Homo Hiedelbergiensis hace 500.000 años. Los hombres Neandertales (1.500 cc de capacidad craneal) fueron una especie europea que vivió 200.000 años y hasta hace 30-35.000 años. Y finalmente, hace solo 50.000 años, nuestra propia especie Homo Sapiens (1.400 cc de capacidad craneal). Se supone que el Homo Sapiens y el Neanderthal vivieron juntos durante algún tiempo. ¿Por qué se impuso el Homo Sapiens si tenía menos capacidad craneal? Quizás porque "no es la especie más fuerte la que sobrevive, ni la más inteligente, sino la que mejor se adapta a los cambios", como señaló Charles Darwin.

Darwin

Unos días antes de escribir estas líneas, en una conferencia sobre el cerebro, planteé lo que, en mi opinión, son las más importantes contribuciones del darwinismo a la comprensión del cerebro desarrollo en homínidos, lo que me dio algunas críticas en el debate más tarde. Sin embargo, podemos afirmar que hoy, casi todos de nosotros nos llamamos darwinistas, aunque solo sepamos que la teoría de la evolución apoya la idea de que los seres humanos vienen del mono.

Charles Darwin nació en 1809 y murió en 1882. Fue el nieto de Erasmus Darwin, un médico británico, poeta y gourmet del siglo XVIII y que había declarado que "todos los seres vivos del planeta, con su inmensa diversidad y sus múltiples especies, provienen de unos pocas y simples formas primordiales", noventa años antes que su nieto Charles lo planteó en su elegante teoría de la evolución de especies. En diciembre de 1831, nuestro amigo Charles se embarcó como naturalista en el Beagle (por esta razón, la sonda que fue recientemente enviado a Marte fue llamada Beagle II) hacia la Patagonia, Tierra del Fuego, Chile y Perú. Aunque Darwin era un hombre de mareos fáciles, en el viaje logró leer una gran cantidad de bibliografía que llevaba consigo y regresó con más de 900 hojas de notas.

¿Cómo se le ocurrió a Darwin esta brillante idea? En 1835 (él tendría 26 años) durante el cuarto año del Beagle viaje, decidieron hacer escala en las Islas Galápagos. Entonces Darwin observó que las aves del área llamada Los pinzones eran los mismos tanto en el continente como en todas las islas del archipiélago, pero al mismo tiempo observó que cada isla albergaba una variedad única de la especie a pesar de que todas ocupaban ecosistemas muy similares. Como señala Javier Sampedro con la ironía e inteligencia que lo caracteriza "¿Por qué demonios el Creador produjo una variedad ligeramente diferente de pinzón para cada isla si con una sola variedad dio más que suficiente para todo el archipiélago? ¿Era que el Creador iba a ser un ladrón o un matón?

En octubre de 1836, el Beagle fondeó en el puerto de Falmouth en Inglaterra, Darwin se baja del barco y toma veinte años para dar forma a sus teorías sobre la evolución de especies. Finalmente, en abril de 1856, Darwin comenzó a escribir lo que considerado su gran trabajo sobre especies. Aproximadamente dos años después, cuando había escrito nueve o diez capítulos, recibió una carta de otro naturalista Alfred Russel Wallace, quien en ese El tiempo fue recolectando especies en las Islas Molucas. Cuando Darwin leyó el manuscrito de Wallace y se sorprendió cuando Wallace había llegado a la misma conclusión esencial que él.

El 1 de julio de 1858, Charles Lyell y Joseph Hooker, amigos de Darwin presentó los manuscritos de Darwin y Wallace en la reunión de la Linnean Soecito en Londres. Darwin decidió escribir un resumen de sus obras que se convirtió en su famoso libro "El origen de las especies", publicado el 24 de noviembre de 1859. Este trabajo ha sido denominado "el libro que sacudió el mundo."

Pero lo primero que debemos agradecer a Darwin es su método basado en la observación y tratando de comprender el cómo y por qué de sus observaciones. Cuando algo no encaja lugar, se realiza una conjetura y dicha conjetura es verificado con observaciones adicionales que conducen a refutación o al refuerzo de la hipótesis inicial.

Este es un método verdaderamente científico. La especulación de Darwin fue un proceso regulado y rígido para proporcionar dirección a la planificación de sus experimentos y recopilación de nuevos datos. Nadie hasta entonces había seguido un método tan consistente y riguroso.

Pero, ¿qué cambió con Darwin? Los postulados predarwinianos sostenían, entre otras creencias, que el mundo era constante, que la vida y el hombre fueron creados, que el hombre ocupa una posición especial en el mundo como si fuera el fin último de la creación, todo en la naturaleza obedece a leyes físicas mensurables y predecibles, y que hay progreso y propósito en la naturaleza. Sin embargo, con Darwin todo esto da un giro radical, ahora el mundo está en constante cambio, el mundo, la vida y el hombre se pueden explicar sin recurrir a un creador, el hombre es como cualquier otro ser vivo (aunque algo peculiar), el estudio de la vida incluye el azar y la probabilidad y no hay un propósito teleológico o un propósito de largo alcance en la naturaleza.

Siguiendo a Ernst Mayr en su obra "Una larga controversia: Darwin y el darwinismo", hay cinco ideas básicas que se sitúan en el epicentro de la obra de Darwin:

Evolución como tal: El mundo no es constante, ni ha sido creado recientemente, ni está en un ciclo perpetuo, sino que está constantemente cambiando porque los organismos cambian con el tiempo.

Origen común: Cada grupo de organismos desciende de un ancestro común y todos los grupos de organismos, incluidos animales, plantas y bacterias, se remontan a un solo origen de vida en la tierra.

Diversificación de especies: Esta teoría explica el origen de la enorme diversidad orgánica existente en nuestro planeta. Él postula que las especies se diversifican, ya sea por división en especies hijas o por el asentamiento de poblaciones fundacionales geográficamente aisladas que evolucionan hacia nuevas especies (en ciernes).

Gradualismo: Según esta teoría, el cambio evolutivo tiene lugar a través del cambio gradual de poblaciones y no por la súbita producción de nuevos individuos que representan nuevas especies.

Selección natural: El cambio evolutivo ocurre mediante la abundante producción de variación genética en cada generación. Los relativamente pocos individuos supervivientes, gracias a una combinación particularmente bien adaptada de personajes hereditarios, dan lugar a la siguiente generación.

Quiero que quede claro que no es mi intención acabar con Dios o con la creación. Si mal no recuerdo, el Vaticano reconoció los postulados darwinianos en 1996, por lo que debemos considerar que la teoría de la evolución es ciencia, y quien la niegue en un debate, público o privado, seguirá siendo más un ignorante que un creyente.

Quizás, la consecuencia más importante de la teoría del origen común de las especies fue el cambio en la posición que ocupaba el ser humano. Tanto para los teólogos como para los filósofos, el hombre era una criatura diferenciada del resto del mundo animal. Darwin, en *El origen de las Especies*, se limitó a una observación cautelosa y demostró de manera concluyente que los humanos debieron haber evolucionado a partir de un antepasado similar a un mono antropoide, colocándolo en el árbol filogenético del reino animal. Aquí acaba el antropocentrismo, el ser humano ya no es principio y fin de la vida; termina con la visión teleológica de convertirse en una especie más.

¿Cuál fue una de las principales lagunas en la teoría de Darwin? Como él mismo afirma en *El origen de las Especies*: "pero precisamente en la medida en que este proceso de exterminio (de cada variante intermedia por su sucesora) ha actuado a gran escala, el número de variedades de intermedios que han existido en el pasado de la Tierra deben ser igualmente enormes. Entonces, ¿por qué no todas las formaciones geológicas y todos los estratos están llenos de enlaces intermedios? Este problema ha sido denominado "el dilema de Darwin" y lo que plantea es la falta de fósiles que representen especies intermedias que deberían haber existido en el proceso evolutivo, es decir, la falta de formas transicionales.

El dilema de Darwin ha sido explicado por obras de Stephen Jay Gould y Niles Eldredge. Ambos argumentaron que las especies eran estables excepto en períodos de crisis basados en un modelo de especiación llamado alopátrico. Según el modelo alopático, las nuevas especies no se forman por la transformación gradual y lenta de todos los miembros de la especie entera. Lo que pasa es que un pequeño grupo que vive en el perímetro de la gran población queda aislado por algún accidente geográfico.

¿Qué pasa con este pequeño grupo de exiliados? Como consecuencia de su pequeño tamaño, este grupo puede producir cambios mucho más rápido entre los miembros de su grupo. Así, si se produce una variante favorable en un grupo pequeño que favorece la adaptación, esta variante puede imponerse mucho más rápido que en una gran población. Según Gould y Eldredge, una especiación tan rápida puede durar unos 10.000 años (unas décimas de segundo en la escala de los geólogos). Como puede verse, la propuesta de Gould y Eldredge no es demasiado extraña y, además, resuelve satisfactoriamente el dilema de Darwin. No se comprende por qué los darwinistas ortodoxos los han atacado, en muchos casos, de manera visceral.

Como hemos señalado al comienzo de este capítulo, los primeros pobladores de nuestro planeta fueron las bacterias. Pero, sin duda, algo debe haber sucedido para que, de un grupo de bacterias, hayamos llegado a la situación actual. Las bacterias tuvieron que abandonar su identidad para convertirse en células más complejas, las llamadas eucariotas o células con núcleo. De hecho, tú y yo estamos formados por millones de células eucariotas. Cada uno de los 100.000 millones de neuronas en tu cerebro es una célula eucariota, así como cada célula en tu hígado, páncreas o intestino.

Según los postulados darwinianos, esto debe haber ocurrido a través de un proceso lento y gradual, pero quizás no fue así. En 1967, Lynn Margulis, una bióloga estadounidense, publicó un artículo con el nombre de Lynn Sagan (era la esposa del astrofísico y divulgador científico Carl Sagan) en el Journal of Theoretical Biology titulado "*Origen de las Células Mitigadas*". Para Margulis, la formación de células eucariotas no es gradual, sino que implica un evento brusco y altamente creativo, pero también adaptativo y mecánico. ¿Cómo? ¿Cómo surge el gran Banco Santander Central Hispano? Está claro, vinculando al Banco Santander, con el Banco Central y con el Banco Hispano Americano.

Así, según Lynn Margulis, las primeras células eucariotas surgieron, simplemente por la suma constructiva de tres o más bacterias diferentes. No fue, por tanto, un proceso lento y gradual dictado por las leyes implacables pero lentas de la evolución darwiniana, sino que fue dictado por una combinación de fuerzas. La selección natural fue responsable de mantener vivas las células más adaptadas al medio ambiente y de destruir las uniones menos armónicas. Pero esta selección natural no es la única responsable de generar evolución, innovación y adaptación. Hay otra fuerza que es la simbiosis, la suma cooperativa de fuerzas: "únete y conquista".

Chimpancés y Bonobos

El chimpancé es un mamífero antropoide que vive en África ecuatorial. Debido a su estructura física y genética, se considera el animal más relacionado con los humanos. Hay dos especies: el chimpancé común y el chimpancé pigmeo. El primero se distribuye desde Sierra Leona y Guinea, en la costa atlántica, hasta Tangany y los lagos Victoria, en el este; el segundo está solo en la parte este de la Cuenca del río Congo.

El tamaño y el peso de los adultos varían según el sexo y la edad. Los machos miden alrededor de 1,70 metros cuando están de pie. y pesan unos 70 kg, pero las hembras son algo más pequeñas. Los chimpancés tienen un cuerpo pesado y robusto, carecen de cola, los brazos son largos, las piernas y los pies fuertes son más adecuados para caminar que los de los orangutanes: la planta del pie es más ancha y los dedos más cortos. El pelaje es negro; La cara y las palmas de las manos y los pies están descalzos. Las orejas, los labios y los arcos superciliares son pronunciados. El tamaño del cerebro de un chimpancé es aproximadamente la mitad que el de un cerebro humano.

Los chimpancés son omnívoros; La dieta consiste en hojas y frutos de aproximadamente 200 especies de plantas diferentes y materia animal como termitas, hormigas, miel, huevos, polluelos y pequeños mamíferos. Sus hábitos son tanto terrestres como arbóreos; pasan su tiempo en los árboles o cerca de donde buscan alimento, protección y refugio de la luz solar directa. Además, los adultos construyen un nido en ellos todas las noches, donde duermen. La hembra tiene un ciclo menstrual de 35 días, es receptiva durante 6 o 7 días de cada ciclo y puede reproducirse en cualquier época del año. El período de gestación dura un poco más de 7 meses, después de lo cual, solo nace una descendencia (rara vez nacen gemelos). El destete se produce a los 4 años, aunque la mayoría de los chimpancés jóvenes acompañan a su madre hasta los 10 años. A veces, la relación entre madre e hijo dura toda la vida. La esperanza de vida de estos animales puede ser de 60 años cuando están libres.

Los chimpancés suelen vivir en grupos formados por un número de individuos que llegan a los 80, ocupan territorios bastante extensos y permanecen en ellos durante años. La relación entre los miembros del grupo no es muy estable y su composición puede modificarse en cualquier momento; a veces, la hembra migra a otro grupo, pero el macho nunca lo hace. La misma hembra puede copular con varios machos. Los miembros de un grupo suelen cooperar en la búsqueda de comida, siempre comparten la comida y, cuando la encuentran en grandes cantidades, avisan a los demás miembros a través de gritos, aullidos y golpes que dan en las ramas de los árboles. Las interacciones continuas entre adultos juegan un papel muy importante en el comportamiento social de estos animales.

Los chimpancés se comunican a través de un extenso registro de vocalizaciones, expresiones faciales y posturas, así como a través del tacto y el movimiento corporal. Un chimpancé maduro puede emitir al menos 32 sonidos diferentes y los músculos faciales son capaces de transmitir una amplia variedad de emociones. Son animales que muestran una gran inteligencia para resolver problemas y por el uso de herramientas sencillas, como cuando introducen palitos para extraer termitas de sus nidos. Algunos experimentos sugieren que los chimpancés pueden usar el lenguaje, aunque sea simbólico; Sin embargo, estos resultados siguen siendo objeto de discusión en la actualidad.

El bonobo es uno de los últimos mamíferos que ha encontrado la ciencia. De hecho, fue descubierto en 1929 en un antiguo museo colonial belga. Un anatomista alemán llamado Ernst Schwarz se tomó la molestia de estudiar un cráneo que se atribuyó a un chimpancé bebé, pero descubrió que era un adulto. Schwarz, presa de la emoción, declaró que había descubierto una variedad de chimpancés, pero pronto a este animal se le asigna un estatus diferente llamado Pan Panicus.

Los bonobos viven en la zona ecuatorial de Zaire y el chimpancé común en áreas más extensas de África central. Los bonobos son más pequeños, más delgados y tienen patas un poco más largas. Un bonobo parece un chimpancé, los bonobos tienen más estilo, su cabeza se estrecha a medida que se acercan a los hombros y hacen que su trabajo sea más elegante. Tiene la cara negra, sus orejas son pequeñas, y su cabello largo y fino negro dividido por una raya en el centro les da un aspecto elegante.

Su comportamiento social es totalmente diferente al de los chimpancés. Los chimpancés son monos guerreros. Son violentos y alborotadores. Mientras que los bonobos específicamente tienen un comportamiento social amante de la paz. De Waal descubrió que en la sociedad de los bonobos hay un gran predominio de hembras, que a menudo se convierten en líderes de la manada. Lo primero que llamó la atención del etólogo estadounidense -especialista del Zoológico de San Diego- fue que la relación entre los bonobos se basa fundamentalmente en el mantenimiento de la paz y la igualdad. Las hembras tienen un bebé cada doce meses. "Estos monos", dice el científico, "no resuelven sus conflictos mediante la violencia, sino mediante la conciliación y el sexo. Su estrategia social es más avanzada que la de los chimpancés, quienes establecen su cohesión tribal en la cooperación grupal para la caza y obtención de alimento. Los bonobos, cuando un nuevo macho adulto se une, por alguna razón, a una banda que originalmente no pertenece, el líder, en lugar de atacarlo para que se vaya, comienza un ritual de gritos y gestos que casi nunca llega a la agresión directa de pararse frente a frente y gritar como locos por un buen rato. Luego, uno de ellos le hace una señal al otro para que se acerque. Inmediatamente se tocan y abrazan, se frotan los genitales en señal de amistad y se dedican tranquilamente a recoger comida."

Para marcar la diferencia entre ellos, De Waal recuerda que los chimpancés resuelven todas sus disputas con golpes y mordeduras. Es muy común que uno se alíe con otro para luchar contra un tercero o maniobrar para que otros dos luchen entre sí. Los bonobos, en cambio, resuelven todos sus problemas de poder mediante la conciliación y el sexo.

Ninguna otra especie animal, excepto el ser humano, tiene una actividad sexual tan intensa como los bonobos. Tampoco tan variada (o hasta divertida). Su imaginación en este aspecto no tiene límites y actúan como si todos hubieran asistido a un curso de sexo. No es de extrañar que algunas hembras de bonobos hayan tenido diez crías en catorce años, lo cual es poco común entre los otros monos, que alumbran una vez cada cinco años. Practican sexo grupal cuando dos lados diferentes se encuentran y la erección de los machos adultos es casi permanente. No es que tengan una fijación, como alguien bromeó, sino que prefieren "hacer el amor y no la guerra para resolver disputas territoriales o disputas por comida, etc. Lo comparten todo: desde el lugar donde duermen hasta la comida que obtienen".

En este aspecto, su altruismo es admirable. "Puede suceder", escribe De Waal, "que estos bonobos compartan su comida con un tercero que no tiene suficiente, y que una madre cuide y alimente a los hijos de otra". Un análisis de sus gritos muestra que, cuando dos machos se enfrentan, no lo hacen por el predominio de las hembras como ocurre entre los chimpancés sino por cuestiones siempre relacionadas con la alimentación.

En ocasiones (muy pocas) son agredidas y empujadas violentamente, pero casi siempre, estas señales de pelea son interrumpidas por las hembras, quienes inmediatamente se muestran en actitud de recibir sexualmente a los concursantes. Suelen mantener la relación sexual cara a cara. La vulva femenina es más alta que en otras especies de monos, lo que facilita esta forma de acoplamiento. Las crías más pequeñas, que participan en juegos sexuales, reciben todo tipo de cuidados. Los adultos les enseñan a conseguir su propia comida y a ser sociables con sus hermanos menores.

Es común que las hembras carguen a dos o tres crías en la espalda y las cuiden sin distinción alguna. Acosados por los cazadores que trafican con ellos, los bonobos como especie pueden tener una existencia efímera. Si eso sucede, el ser humano habrá perdido la oportunidad de saber más de sí mismo, observando a estos asombrosos monos que, quizás, si hubieran podido elegir su destino, hubieran preferido seguir siendo --como hasta hace poco-- una especie olvidada.

Juan Luis Arsuaga -un antropólogo absolutamente brillante, no solo por sus conocimientos sino también por su capacidad para transmitirlos- en su obra El collar de neandertal establece claras diferencias entre nuestro cerebro y el de los chimpancés y no solo por su tamaño. Nuestro cerebro ocupa el 2% de nuestro cuerpo y consume el 20% de su energía mientras que el del chimpancé consume el 9%. También es cierto que nuestras diferencias genéticas son insignificantes, pero esta pequeña diferencia tiene una doble lectura. Algunos se aferran a esta sórdida diferencia del 1,6% para convencernos de que no somos más que un grupo de monos, pero no es menos cierto que "el hecho de que la diferencia genética entre un chimpancé y un humano sea del uno por ciento, solo muestra cuánto puede significar el uno por ciento" (J. Wagensberg).

Lo que más me interesa de los chimpancés no es su comportamiento sexual, ni cómo se comunican ni cómo se las arreglan para comer. Lo que más me llama la atención son los atisbos que revelan en ellos los aspectos que nos hacen más radicalmente humanos, como la conciencia de la propia identidad o la capacidad de atribuir estados mentales al otro.

Si colocas a tu perro o tu gato frente a un espejo, observarás cómo reacciona al creer que frente a él hay otro perro u otro gato, sin embargo, cuando pintamos una cruz en la frente de un chimpancé y colocamos frente a un espejo se frota la frente con el dedo tratando de borrar la cruz. ¿No es esto un indicio de que los chimpancés tienen cierto sentido de identidad?

Ahora hagamos un juego: Felipe intenta abrir una caja en ese momento aparece Antonio. Felipe cierra la caja abruptamente, se aleja de ella y se sienta en silencio, mirando a otro lado. Antonio va largo, pero en cuanto se pierde de vista de Felipe, se esconde para ver qué hace su compañero. Unos minutos después de la desaparición de Antonio, Felipe vuelve a la caja y la abre, luego Antonio corre hacia ella y le roba el contenido. Este puede ser un buen ejemplo de cómo alguien puede atribuir intenciones a otro y hacer trampa, y no tiene nada de particular si no fuera porque reproduce el comportamiento de dos chimpancés. ¿No es el engaño una forma refinada de la capacidad de anticipar los comportamientos, motivos e intenciones de los demás y crear un plan para quedarse con la mejor parte? Podemos deducir, entonces, que los chimpancés parecen tener atisbos de engaño y atribución de intenciones a otro. Estos dos ejemplos nos muestran que comportamientos tan específicos y particulares de nuestra especie ya se encuentran en algunos homínidos, aunque no han alcanzado la complejidad observada en nuestra especie.

Volviendo a Juan Luis Arsuaga ya la obra mencionada, el autor afirma que "estamos solos, ningún otro mamífero es bípedo, ninguno usa el fuego, ninguno escribe libros, ninguno viaja por el espacio y ninguno reza. Y no es cuestión de matices: es decir, no hay animales que sean medio bípedos, hagan pequeños fuegos, escriban frases cortas, construyan naves espaciales rudimentarias o recen de vez en cuando. "Todo esto es obviamente cierto, pero cuando hablamos de chimpancés y bonobos solo lo hacemos para aprender algo de nuestros antepasados. Es cierto que existen diferencias cualitativas entre nuestros parientes vivos más cercanos y nuestra especie, pero lo más plausible es que estos cambios cualitativos se han producido por acumulación de cambios cuantitativos. Haciendo un paralelo con el agua, resulta que, si elevamos la temperatura del agua entre cuatro y noventa y nueve grados, los cambios se producen a nivel cuantitativo, pero al llegar a los cien grados estos cambios cuantitativos producen un cambio cualitativo y el agua pasa de estado líquido a gaseoso.

Capítulo 2: ¿Por Qué un Cerebro Más Grande?

Las principales características estructurales diferenciales entre homo sapiens y chimpancés son básicamente las siguientes: en cuanto a genética, el chimpancé tiene 24 pares de cromosomas frente a 23 del homo sapiens y, como hemos dicho, las diferencias en el ADN son aproximadamente del 1,5%. En cuanto a la estructura corporal, hay un cambio en la pelvis, ya que debe soportar un mayor peso como consecuencia de la bipedestación, el pulgar se opone a los otros dedos, la laringe se vuelve más baja, el tamaño relativo de los genitales es mayor, y el pelo desaparece. En cuanto al cerebro hay un aumento de volumen cerebral (1.400 cc frente a 400 cc), las áreas que asocian las diferentes funciones cerebrales aumentan hasta tres veces, la amígdala (recuerda que está relacionada con las emociones y en particular con el miedo) se duplica, el cuerpo calloso (el puente que une los dos hemisferios) también se duplica y el cerebelo es 1,8 veces más grande.

Ahora la pregunta importante es preguntarse qué beneficios trajeron estos cambios a la especie, y lo que no es tan relevante es si los cambios produjeron beneficios o las demandas ambientales obligaron a estos cambios para asegurar nuestra supervivencia.

Como es habitual en nuestra sociedad, y para no perder los buenos modales, comencemos esta disertación con una comida. Si el ser humano fuera un mamífero promedio, su cerebro debería tener un noveno de tamaño. Aunque solo representa el 2 por ciento del peso corporal, el cerebro humano consume el 20 por ciento de la energía disponible para el cuerpo. La especie humana solo puede darse el lujo de tener un cerebro tan grande y tan debilitado porque ahorra en otra función como la digestiva. Sabemos que la digestión precisa de mucha energía, como lo demuestra el hecho de que nos sintamos cansados después de una comida copiosa, y que no es más que la manifestación de que la demanda de energía del estómago hace que enviemos más sangre a este órgano que conduce a una menor irrigación cerebral y nos produce somnolencia.

Los herbívoros tienen ritmos digestivos muy largos y, dado que los chimpancés son fundamentalmente herbívoros y frugívoros, tienen un intestino mucho más grande que los humanos. Un intestino grueso es incompatible con un cerebro grande. Pero si necesitamos un cerebro grande, debemos tener un patrón de alimentación de menor cantidad y alto valor energético. No es cuestión de pasar demasiado tiempo durmiendo y rumiando hierbas, hay que vivir en grupo e interactuar, por eso hay que ahorrar tiempo. Tener una dieta variada, rica en energía y que no requiera largas digestiones favorece el aumento del tamaño del cerebro (a un intestino mayor más pequeño), lo que también favorece las relaciones sociales. El ser humano vivía en grupos de entre 50 y 150 miembros, lo que obligaba al cultivo de las relaciones sociales para evitar conflictos. Si pasamos muchas horas haciendo digestión, ¿cuándo vamos a interactuar?

Por tanto, nuestra especie come, o debería comer, un poco de todo y cocina los alimentos para hacerlos más sabrosos y digeribles. Como ves, los chimpancés son vegetarianos (aunque a veces comen algunos insectos o termitas), comer solo pasto y frutas no va con nuestro diseño cerebral ni con nuestro diseño intestinal. Sé que los vegetarianos afirman que comer carne es agresivo, no es necesario y nos aleja de "nuestra esencia" pero estoy seguro de que están de acuerdo con la evolución, ¡así que somos como somos! ¡Qué podemos hacer! Otro aspecto que me llama la atención es que relacionamos comer carne de forma agresiva y comer verduras con tranquilidad y paz interior, pero esto no debería ser del todo cierto porque uno de los vegetarianos más radicales fue Adolf Hitler.

Como bien adivinas, para comer carne necesitas cazar animales y para no morir de sed necesitas beber. Recuerda que en ese momento la Tierra había comenzado a descomponerse por falta de agua, y el frondoso y verde bosque estaba siendo reemplazado irreversiblemente por el manto amarillo de la sabana. Fialkowski propone que los cazadores prehumanos debieron estar mal adaptados al calor, de modo que al viajar largas distancias la temperatura del cerebro aumentaría causando la muerte a aquellos que tenían cerebros más pequeños. Después de largas carreras después de la comida, la temperatura del cerebro puede aumentar para limitar el funcionamiento de las neuronas, pero es posible que un sistema como el cerebro funcione incluso si algunas neuronas se ven afectadas por el calor si el sistema tiene muchos elementos (neuronas). Cuantas más neuronas, más resistencia al calor, más cerebro, más neuronas. Para continuar con las razones para tener un cerebro más grande, no creo que ningún chimpancé o bonobo esté calificado para leer este libro, y no lo digo por su complejidad. Venga. Ni siquiera podrán leer los recuerdos del gran David Beckham, famoso por sus importantes aportes a la teoría de que la belleza y el fútbol no están reñidos. De hecho, si tuviéramos que señalar hitos en el desarrollo de nuestra especie, sin duda, uno de ellos sería la aparición del lenguaje. Como he señalado, en el homo sapiens hay una disminución de la laringe que facilita la emisión de un mayor registro de sonidos, y el riesgo, a su vez, de morir ahogado.

Pero, ¿cuándo empezaron a hablar los primeros homínidos? En condiciones experimentales o de laboratorio, algunos chimpancés aprenden a comunicarse con el hombre a través de símbolos o gestos. Los chimpancés tienen un amplio repertorio de gritos y chillidos que utilizan para comunicarse.

Incluso pueden referirse a objetos sin verlos, o sus gritos difieren cuando van a comunicar que han encontrado una comida normal o un manjar. No sabemos si hablaron Homo Habilis o Homo Erectus (algunos creen que sí), pero es posible que el lenguaje sea una consecuencia de la división del trabajo. Cuando el hombre se convierte en cazador y recolector, es necesario organizar las batallas de caza, y parece necesario comunicarse para repartir el botín y no acabar cazándose unos a otros. Por otro lado, las hembras permanecían en cuevas o refugios durante largos períodos de tiempo, por lo que era necesario mantener un buen clima social. Teniendo en cuenta que los grupos eran numerosos, no se trataba de estar todo el día desparasitándonos para llevarnos bien, por lo que el idioma ahorraría mucho tiempo que podría dedicarse a otras necesidades.

Los neurólogos y neurocirujanos suelen comentar que "el tiempo es cerebro" para referirse a los fundamentos de la atención inmediata a un paciente afectado por una lesión cerebral. De la misma forma, podemos afirmar que ganar tiempo es uno de los aspectos fundamentales que explican el desarrollo cerebral. Comemos una dieta variada y hablamos para ahorrar tiempo para las relaciones sociales y no destruirnos entre nosotros. Aunque parece que ganar tiempo para hablar y no destruirnos no se ha incorporado a los genes de algunos líderes políticos actuales.

No es mi intención dilucidar el papel que juega el lenguaje en la cultura. Los seres humanos hablan unos seis mil idiomas mutuamente incomprensibles. Sin embargo, las reglas que subyacen a todos estos lenguajes son básicamente las mismas, todas sirven para transmitir ideas y todas contienen verbos, adjetivos, preposiciones y sustantivos. Como señala Pinker, la cultura no es más que sabiduría local acumulada: formas de hacer herramientas, repartir el botín o seleccionar alimentos. El lenguaje es fundamentalmente informativo; el resultado de la necesidad de beneficiarse del conocimiento, las experiencias y el juicio de otras personas. Gracias al lenguaje entendemos nuestro conocimiento del mundo y garantizamos la supervivencia de nuestros pares, transmitimos lo peligroso para que no se expongan a él, y les enseñamos a relacionarse para no tener demasiados conflictos.

El lenguaje sirve para unir a un grupo y es una de sus principales señas de identidad. Pero el lenguaje también sirve para dividir, digamos, un grupo. Cuando un grupo se volvió demasiado grande y los recursos de la naturaleza eran limitados, posiblemente la presión exigió una división de ese grupo. Este grupo separado probablemente buscaría otro hábitat y generaría su propio idioma. Esto sería útil para unir a los miembros del grupo y poder identificar a algún impostor que podría intentar infiltrarse en él. Otro debate abierto es el que intenta dilucidar si el lenguaje es genético o ambiental, posiblemente otro debate falso. El psicólogo estadounidense James Mark Baldwin (1861-1934) planteó lo que se ha denominado el efecto Baldwin, y que viene a afirmar que cuando un cerebro es capaz de aprender algo, el resultado de ese aprendizaje termina generaciones después formando una estructura innata en el cerebro. llamado como sentido común? La genética se refleja en el comportamiento y el comportamiento modifica la genética, así de simple.

Otros dos aspectos que son cruciales para comprender el desarrollo del cerebro son la necesidad de anticipación y la necesidad de engañar. Aunque profundizaremos en esto en capítulos posteriores, es lógico afirmar que una especie como la nuestra tendrá más posibilidades de sobrevivir, cuanta más capacidad tenga para prevenir los peligros a los que pueda estar sometida y así planificar su comportamiento futuro. Desde la desertificación africana, el medio ambiente se vuelve más irregular y hostil, y nuestra adaptación depende en gran medida de nuestra capacidad para controlar la incertidumbre del medio ambiente. Cuanta más capacidad de anticipar la incertidumbre para reducirla, más posibilidades de supervivencia. Ésta es la base del comportamiento inteligente.

Como dije, eran tiempos de escasez y limitación de activos, ¿y qué pasa cuando los activos son limitados? Bueno, es fundamental saber lo que quiero y también saber si alguien puede desear lo mismo que yo quiero. Como verás esta es la base de la conciencia, sé que soy yo, que tengo mi identidad y que quiero esto y sé que tú eres tú y quieres lo mismo que yo. Ahora es cuestión de jugar a engañarte para que te alejes de lo que yo quiero. Ya no basta con conocer mis estados mentales, sino que debo predecir los estados mentales de los demás.

Capítulo 3: Evolucionismo a Entender

Durante el día, los miembros más selectos de la tribu se entregaron a rituales de habilidad lingüística en busca de un estatus superior y, al menos en el caso de los hombres, de mayores oportunidades sexuales. Por la noche, se reunían en la playa alrededor de fogatas y bebían jugos fermentados mientras conversaban y practicaban ceremonias tribales. ¿Una asamblea de aborígenes australianos? No, es la reunión anual de la *Society for Human Behavior and Evolution*.

Con este párrafo, el ilustrado e iconoclasta John Horgan inicia el capítulo dedicado a la evolución en su libro *"La Mente Por Descubrir"*. Aunque mucho de lo dicho podría extenderse a muchos congresos de Psiquiatría o Psicología, es cierto que los evolucionistas tienen fama de comportamientos modernos, algo hippies y parece que el estudio del comportamiento sexual es su asignatura favorita, pero no es menos cierto que la perspectiva evolutiva puede arrojar mucha luz sobre nuestros comportamientos desadaptativos y sobre los trastornos mentales.

Ya sabemos que nuestro cerebro se formó hace miles de años. Desde este punto de vista, debemos preguntarnos el por qué una máquina, tan maravillosa como la que llevamos dentro de nuestra cabeza, cuán útil fue cada una de sus funciones y si esa máquina que fue útil hace tantos años se ha adaptado a un mundo en continuo y cambio rápido como es el actual. Los mecanismos cerebrales que regulan las emociones y el comportamiento han sido moldeados por selección natural con el propósito de optimizar la adaptación, y coincidiremos en que los trastornos mentales suponen una ruptura que afecta a esta adaptación. Esta perspectiva, denominada evolucionista, intenta explicar la vulnerabilidad humana a los trastornos mentales y del comportamiento.

Hacia finales de los 80, una serie de autores como Leda Cosmides, Dennis Crawford, John Tooby o Dennis Krebs, de la Universidad de California, marca el inicio de lo que se ha dado en llamar psicología evolutiva. Para ellos, la psicología evolutiva es la psicología que integra el conocimiento de la biología evolutiva asumiendo que comprender el proceso que condujo a la formación de la mente nos permitirá comprender sus mecanismos. Los principios de la Psicología evolutiva intentan establecer las amenazas que existían en los ambientes prehistóricos, los mecanismos que se pusieron en marcha para el manejo de estas amenazas y la forma en que estos mecanismos continúan funcionando hoy. Este enfoque, por tanto, parte de tres premisas fundamentales: a) existe un comportamiento humano universal más allá de las diferencias culturales, b) el funcionamiento cerebral que define nuestro desarrollo natural, como en otras especies, por selección natural y c) los factores ambientales que diseñaron nuestr0 cerebro ocurrieron en el Pleistoceno y no en las circunstancias actuales.

Como mencioné anteriormente, parece que nuestro cerebro no ha cambiado en los últimos 50.000 años, por lo que sigue siendo el mismo que el de nuestros antepasados. Por lo tanto, ocurre lo que se ha llamado retraso del genoma o dilación del genoma. La carga genética que condiciona nuestros instintos y nuestras conductas, que nos da un diseño emocional para sobrevivir, apareció adaptada a entornos ancestrales y no a nuestra situación actual. Viejos cerebros para nuevos mundos, nuestros miedos no fueron diseñados para temer aviones, ascensores o supermercados, nuestro miedo fue diseñado para huir de las bestias que ponían en peligro nuestra supervivencia. Aquí, debemos considerar que el aumento de los trastornos mentales puede ser consecuencia de la mala adaptación de los mecanismos diseñados para sobrevivir. De hecho, actualmente vivimos en entornos muy protegidos, aunque nos preocupamos mucho por la seguridad ciudadana, y es posible que los mecanismos que fueron diseñados por selección natural para garantizar nuestra supervivencia, sean desadaptativos que produzcan trastornos mentales.

Viejos Cerebros para Nuevos Mundos

Durante veinte años, cuando terminé mis estudios de psicología, me atrajo el estudio de las conductas adictivas. Realmente conozco a unos pocos pacientes que son tan rechazados por los profesionales de la salud como los adictos. No se me negará que tenemos serias dificultades para entender cómo puede haber sujetos "con tanta falta de voluntad" que hagan de la autoadministración de una sustancia su mayor motivación para vivir. Siempre he encontrado el paradigma del comportamiento anti-intuitivo, las personas se destruyen y su motivación para mantenerse con vida es tener unos días más para autodestruirse con la sustancia a la que son adictos. Pocas patologías atentan tan directamente contra los principios darwinistas como las adicciones. Intentaremos explicar este comportamiento desde la perspectiva de la psicología evolutiva.

Las emociones deben entenderse como señales internas que dirigen nuestra supervivencia, de acción rápida y adaptativa, que buscan conectar nuestra naturaleza biológica con el mundo externo en el que está inmersa. Las emociones responden rápidamente a situaciones que atentan contra nuestra integridad: el miedo nos advierte del peligro, el asco nos aleja de lo podrido y la tristeza nos dice que hemos perdido un determinado estatus social. Las emociones influyen en la motivación, el aprendizaje, la toma de decisiones, los pensamientos, el comportamiento y la adaptación. Por otro lado, la función adaptativa de las emociones, se comprenden mejor cuando observamos las diferencias entre emociones positivas y negativas, teniendo en cuenta que lo positivo y lo negativo adquieren aquí un sentido fenomenológico (experiencia de la emoción como agradable o no agradable) y no ambos adaptativos (por definición toda emoción es adaptativa). Esta distinción es consistente con el origen de las emociones entendidas como estados fisiológicos que fueron moldeados para enseñarnos qué situaciones son ventajosas y qué situaciones implican pérdida y pueden ofrecer una explicación desde la perspectiva evolutiva de los efectos del consumo de drogas sobre las emociones positivas y negativas.

Desde la perspectiva de la psicología clásica, el abuso de sustancias se explica como un aspecto de la tendencia del ser humano a repetir comportamientos que producen placer y evitar los que nos hacen sentir mal. Para Randolph Nesse, psiquiatra de la Universidad de Michigan; Esta explicación es válida pero incompleta. Las drogas de abuso actúan en áreas muy antiguas del cerebro asociadas con emociones positivas. Así, los diferentes fármacos activan un sistema cerebral denominado sistema dopaminérgico mesolímbico y los receptores opioides asociados en el cerebro de los mamíferos, un sistema de recompensa neural y un sustrato que regula la motivación.

Para este autor, las drogas de abuso crean una señal en el cerebro que indica falsamente la llegada de un beneficio adaptativo. Esta señal cerebral provoca, a su vez, un aumento de la frecuencia de consumo desplazando las conductas adaptativas. De hecho, otros comportamientos del "hombre moderno" tienen efectos similares en el cerebro, por ejemplo, los videojuegos o el Internet. El cerebro humano demuestra continuamente su vulnerabilidad a las recompensas que afectan la adaptación porque nuestros cerebros no están diseñados para abordar eficazmente el acceso a las drogas, los videojuegos o el Internet. El desacuerdo entre nuestros viejos cerebros y nuestros entornos modernos puede ser la principal causa de los problemas de salud mental que vemos hoy.

Para el propio Nesse, esta perspectiva suscita muchas áreas de pesimismo en cuanto a la explicación de las conductas adictivas. Por ejemplo, cómo se desarrolla la adicción, cómo disminuye el placer inducido por la sustancia, o incluso cómo aumenta el deseo a pesar de la acumulación de consecuencias desadaptativas. Una explicación plausible de estos efectos se encontraría en la separación en el cerebro de los mamíferos de dos sistemas diferenciados: un sistema de placer (placer hedónico al recibir una recompensa) y otro de deseo (motivación e implementación de comportamiento para lograr esa recompensa). El sistema de placer se activaría al recibir una recompensa mientras que el sistema de deseos anticipa la recompensa e inicia comportamientos para lograrlo. Cuando ambos sistemas están expuestos al consumo de drogas, el sistema de deseos motiva una búsqueda persistente de una sustancia que no produce placer a largo plazo. Ésta es la gran paradoja de la adicción. Como señalan Robinson y Berridge, los organismos pueden tender a buscar drogas adictivas incluso si no brindan placer y defienden la existencia de un sistema neuronal separado que interviene en el deseo de drogas. Para estos autores, aunque este sistema neuronal normalmente funciona en conexión con los sistemas neuronales que intervienen en el placer, en el adicto se rompería este vínculo normal entre estos sistemas, mostrando niveles patológicos de deseo disociados del placer. De alguna manera todos podemos probar esta disociación cuando tenemos hambre y observamos un pastel tras un escaparate, verlo, si no tenemos dinero para comprarlo, produce un deseo persistente, aunque no podemos sentir placer cuando no podemos adquirirlo.

Un organismo como el nuestro, con un sistema de recompensa obsoleto y mediado químicamente, en una sociedad como la nuestra, es especialmente susceptible a la adicción. Este diseño especial de recompensa de mamíferos magnifica los riesgos de la no autoadministración de la sustancia, lo que explicaría los comportamientos a los que llega un adicto para lograr la sustancia. En este sentido, quizás, podríamos afirmar que la adicción es uno de los precios que paga la especie humana por vivir protegido y al mismo tiempo, sobreexpuesto a elementos que brindan placer cerebral inmediato, pero no están relacionados con ningún aspecto de una mejor adaptación a nuestro entorno.

Esta perspectiva evolutiva también tiene sus implicaciones cuando nos referimos a fármacos cuya finalidad es reducir la ansiedad, mejorar el estado de ánimo y bloquear otras emociones. La psiquiatría biológica negativa cuenta en la actualidad con un gran arsenal psicofarmacológico cuya finalidad es controlar las emociones negativas, además de otras disciplinas, dispone de fármacos para controlar eficazmente la tos, fiebre, diarrea o vómitos. Así, encontramos muchas investigaciones que intentan explicar las causas de un trastorno mental sin antes comprender el funcionamiento normal del cerebro. Tomemos, por ejemplo, los trastornos de ansiedad: los manuales de diagnóstico pueden dividir los trastornos de ansiedad en hasta nueve subtipos, y la investigación trata cada uno de estos subtipos por separado en busca de aspectos epidemiológicos, genéticos, neurobiológicos y de tratamiento efectivo. Pero la pregunta clave es: ¿la ansiedad, como tal, es un trastorno o una defensa del organismo? Para entender esto, tomemos la tos como ejemplo y sigamos el método utilizado por la psiquiatría biológica. Primero, un neumólogo puede estudiar la tos y crear criterios de diagnóstico diferencial. Quizás un criterio podría ser la frecuencia, por lo que se podrían obtener diferentes trastornos de la tos a partir de estudios analíticos factoriales obteniendo características genéticas, epidemiológicas y respuesta al tratamiento de diferentes subtipos de tos (tos moderada asociada a mocos y fiebre, tos alérgica, tos asociada a fumar, etc.). El siguiente paso sería estudiar las causas de estos diferentes subtipos buscando alteraciones en los mecanismos neurales de las personas que tosen, llegando a la conclusión de que existe un aumento de la actividad en los nervios que contraen la musculatura del pecho. Posteriormente, el descubrimiento de un centro de control de la tos en el cerebro estableció que las alteraciones en este centro serían la causa de la tos. Finalmente, el conocimiento de que la codeína controla las causas de la tos varía para investigar la posibilidad de que la tos sea causada por una deficiencia en los receptores opioides en el cerebro. Este enfoque ridículo se utiliza continuamente en el estudio actual de los trastornos mentales; Definitivamente hemos roto la línea que separa lo que es un trastorno de lo que es una manifestación adaptativa.

Los problemas anteriores pueden explicarse por alteraciones en el funcionamiento de la maquinaria cerebral. La utilidad de la ansiedad es conocida pero ignorada; ya no se considera el valor adaptativo de la depresión; el dolor es un estado patológico.

Como señala Nesse, estas declaraciones no niegan la utilidad del consumo de drogas incluso en algunas circunstancias en las que las emociones negativas pueden ser adaptativas. Las drogas pueden compensar y prevenir una patología (como es el caso de las alucinaciones en las psicosis). El dolor que provoca la cirugía, aunque adaptativo se puede paliar con analgésicos, un ataque de pánico puede ocasionar problemas si estamos conduciendo un vehículo. Asimismo, no debemos ser catastróficos, ya que el cuerpo tiene sistemas de defensa redundantes, por lo que bloquear la ansiedad no tiene por qué tener consecuencias nocivas. Por otro lado, aunque el cerebro se ha dotado de estos sistemas de alarma adaptativos, no podemos olvidar que en ocasiones estos sistemas neuronales pueden producir "falsas alarmas".

Todas estas consideraciones nos llevan a pensar en un futuro en el que se utilizarán fármacos para eliminar tanto las emociones negativas que pueden ser patológicas como las que se pueden considerar adaptativas. Una visión reducida y sesgada puede llevarnos a pensar que todas las emociones negativas son el resultado de un desequilibrio cerebral a nivel neurobiológico. Como señala Nesse, algunos trastornos de ansiedad o afectivos pueden tener como causa primaria una alteración en la neurotransmisión, pero la mayoría de estas emociones surgen en un cerebro normal que busca una adaptación beneficiosa que asegure su supervivencia. Por tanto, tratar de encontrar la causa en un desequilibrio de sustancias químicas cerebrales es tan superficial como creer que la causa de la tos es una alteración en los centros cerebrales que la controlan. Después de todo, el hecho de que una droga revierte una emoción negativa no significa que la emoción sea patológica o que las drogas utilizadas hayan revertido un trastorno cerebral.

En resumen, las emociones nacen para optimizar la adaptación, para orientarnos en la búsqueda de opciones ventajosas y para evitar el peligro. Las emociones no están diseñadas para buscar el placer sino la máxima adaptación, pero los mecanismos neuronales que median las emociones nos otorgan una vulnerabilidad intrínseca al abuso de drogas en entornos donde las drogas están altamente disponibles. La supuesta libertad de elegir ser adicto o no, no es más que una fantasía de los ideólogos que defienden la legalización de las drogas. El cerebro no conoce conceptos como libertad o libre elección; el cerebro conoce el deseo y el placer. Hablar de la capacidad de elegir si se quiere ser alcohólico o cocainómano es estéticamente bueno, y popularmente es una idea bien recibida, pero este mismo argumento ha hecho mucho daño a los alcohólicos y adictos a la cocaína que pasan por nuestras consultas. Ya que parece que después de sopesar todas las posibilidades, los adictos han decidido destruir a su familia, no dar cariño a sus hijos, perder su trabajo y destrozar su salud. No conozco a nadie que pueda tomar una decisión tan estúpida libremente.

Capítulo 4: Raro y Extraño

Según los diferentes manuales de psicopatología, el trastorno esquizotípico, o personalidad esquizotípica, "es un trastorno caracterizado por conductas excéntricas y anomalías en el pensamiento y el afecto, que se asemejan a las que se observan en la esquizofrenia, aunque nunca se han presentado anomalías y características esquizofrénicas definidas". Sin embargo, a pesar del parecido que tiene con la esquizofrenia, su evolución y curso suelen ser los de un trastorno de la personalidad.

Consiste en un comportamiento, un lenguaje, un pensamiento y una percepción peculiar y extraña. La persona tiende a aislarse, tiene un afecto inadecuado y una ansiedad social marcada. Su conducta es rara o excéntrica. Utilizan un lenguaje extraño, circunstancial y metafórico en el que no suele haber desintegración del pensamiento, ni incoherencia, aunque suene un poco pedante. Han disminuido su capacidad de relacionarse por su afecto frío y distante, no tienen amigos fuera de la familia, aislándose socialmente. Además de esto, la esquizotipia puede ser sensible para detectar efectos negativos en los demás, son muy sospechosos, siendo hipersensibles a las críticas.

Además, los individuos afectados tienen pensamientos mágicos, es decir, suelen ser supersticiosos, creen en la telepatía y suelen tener ilusiones y fantasías. Su mundo interior puede estar lleno de amigos inexistentes y miedos infantiles. A veces creen que tienen poderes especiales o han tenido experiencias paranormales.

Cabe señalar que todas las personas probablemente exhiben algunos de estos rasgos, en diversos grados y en diferentes momentos. Sin embargo, en la persona esquizotípica, estos rasgos de comportamiento son inflexibles, persistentes y desadaptativos. El trastorno esquizotípico comienza al inicio de la edad adulta, aunque en la infancia suele haber hipersensibilidad y ansiedad en el contexto social. Algunos autores encuentran que estas personas cuando eran niños, se sentían solas y solían tener un bajo rendimiento escolar (posiblemente porque tenían intereses peculiares que se apartaban de la norma social). También llaman la atención por su forma de expresarse y por la rareza de sus pensamientos y fantasías.

En realidad, la palabra que mejor define a un esquizotípico es "excéntrico", o dicho coloquialmente, de manera extraña. Parecen mendigos, pero pueden ser profesores de secundaria (de filosofía o física). Son personas que, como nadie, han conseguido desprenderse de los intereses mundanos para poder vivir en un mundo personal, su mundo, poblado de intereses extraños (como la física cuántica y su relación con la conciencia o los aeropuertos con el orden más bajo del mundo para un mayor tráfico aéreo).

Anthony Stevens y John Price, en su trabajo de Psiquiatría evolutiva, sostienen que los síntomas de este trastorno son manifestaciones de estrategias adaptativas ancestrales y que no son apropiadas en la actualidad. Para estos autores, la base del sociotipo se encontraría en la necesidad de la escisión de un grupo cuando llega a un número de miembros que dificulta la convivencia o el intercambio de recursos. Así, el esquizotípico sería el individuo llamado a liderar al grupo escindido para migrar en busca de otro hábitat que les permita sobrevivir.

Las creencias y pensamientos excéntricos de estos individuos parecen incompatibles con las reglas arbitrarias de la sociedad en la que están inmersos y tienen cierto carácter profético. Estas peculiares ideas no solo sirven al profeta para desconocer los valores establecidos en su sociedad, sino que también le permiten generar nuevos valores para una nueva sociedad. Un profeta maorí (tribu de Nueva Zelanda) llamado Rua profetizó que un día de junio de 1906, el rey Eduardo VII llegaría a sus costas con un cargamento de tres millones de libras para obtener sus tierras y dárselas a los blancos. Rua se hizo con un séquito de unos cien seguidores. Cuando la profecía no se cumplió, se trasladó con medio centenar de admiradores a las montañas de Urawea, donde creó una comunidad agrícola basada en el Antiguo Testamento. Esta comunidad creció y Rua tuvo muchos hijos hasta que en 1916 fue destruida por la policía.

Por otro lado, el sistema de creencias, los valores morales y la ideología de la sociedad se transmiten a través de creencias religiosas. Las religiones unen a un grupo y lo diferencian de otros grupos. Los mensajes religiosos se transmiten a través de revelaciones en sueños, visiones o voces que vienen del más allá. En realidad, el pensamiento mágico, supersticioso, místico y religioso, así como sus creencias en la existencia de vida extraterrestre o en sus propios poderes, sugiere que los esquizotípicos son los líderes elegidos para iniciar la búsqueda de la tierra prometida. Las revelaciones hechas a estos peculiares sujetos pueden haber jugado un papel importante en las rupturas de grandes grupos para generar un grupo más pequeño que se embarca en la aventura de buscar una nueva identidad. Peter Chadwick nació en Manchester en 1946. Inicialmente se dedicó a la geología hasta que se licenció en psicología en 1973. En 1979 padeció una esquizofrenia paranoide que le hizo interesarse por la relación entre misticismo y esquizofrenia.

Cuando se refiere a su propia experiencia, dice: "Lamento ser tocado por una presencia detrás de una fina membrana. Cualquier sentido de identidad me abandona, soy un vehículo, un canal y mi existencia es vehicular".

El habla de los esquizotípicos es al menos peculiar. Su pedantería no tiene relación con el discurso pomposo que oculta la vanidad de un mediocre. Es un discurso que manifiesta una peculiar forma de pensar e interpretar el mundo circundante. De hecho, el lenguaje sirve para unir y dividir, para diferenciar un grupo de otro. Todas las poblaciones separadas geográficamente crean su propio idioma, su propio lenguaje o su propio dialecto. La utilidad de esta separación del vehículo de comunicación es unir a los miembros del grupo y poder identificar, a su vez, algún impostor que intenta infiltrarse en él. Las clases sociales, los grupos de edad, las subculturas (punk, pijo, bacalao), los profesionales (abogados, médicos, soldados) crean un lenguaje particular que permite la identificación con el grupo al que pertenecen. Para identificar a los miembros de un grupo dividido es importante crear un nuevo lenguaje, y el discurso idiosincrásico, los patrones de habla y los neologismos (palabras inventadas por ellos) pueden ser el caldo de cultivo para este nuevo patrón de comunicación.

La actitud paranoica que acompaña a este tipo de personalidades se basa en el miedo. El miedo a los grupos hostiles ayuda a fomentar los lazos de unión entre los miembros del grupo dividido y evita las amenazas externas. La desconfianza se adapta a un líder que debe liderar el grupo y defenderse de múltiples amenazas externas. La sospecha es una emoción secundaria que acompaña a cualquier grupo minoritario que se considere separado de la sociedad. Temen que su identidad sea agotada por la cultura dominante, lo que genera una actitud de defensa de sus reglas, creencias y lenguaje. A su vez, el grupo dominante responde con ira y hostilidad hacia un grupo que trata de mantener su identidad y no sigue las normas imperantes.

Desde la perspectiva evolutiva, es importante preguntarse por qué algunos sujetos peculiares no se han extinguido, ya que, dada su excentricidad, no es muy probable que se unan, aparezcan o tengan descendencia. Es posible que cuando estos individuos logran liderar un grupo se facilite la procreación ya que el líder generalmente se reserva el poder de las relaciones sexuales, y muchas mujeres están encantadas de engendrar un descendiente del enviado de Dios. Otra posibilidad que puede explicar esta persistencia de un trastorno es que este tipo de personalidades tienen sus raíces en la personalidad normal y se mezclan con ella de forma imperceptible. Todos tenemos algo sospechoso, algo excéntrico, creemos en algo irracional, y mantenemos unos valores que no se ajustan a la sociedad en la que estamos inmersos. A esto se le llama modelo dimensional de los trastornos de personalidad en comparación con los llamados modelos categóricos que afirman que una persona está sana o enferma y no hay nada más de qué hablar. No hay ruptura entre los sanos y los enfermos. Todo es cuestión de cantidad. Lo que sucede es que muchas cosas determinadas y todas juntas forman un patrón de personalidad patológico. En cualquier caso, reconocerán que el modelo evolutivo del sociotipo es tan atractivo como improbable.

colorize-it.com

Capítulo 5: Comprendiendo El Cerebro

El Reloj De La Sabiduría

En el año 2000 terminamos la década del cerebro, la era prodigiosa que iba a arrojar luz sobre el funcionamiento de esa masa de gelatina que retorciéndose sobre sí misma que ocupa nuestras cabezas. Diez años, esperando que la neurociencia logre un logro tan importante como lo han sido los hallazgos de Pasteur, Fleming, Watson y Crick para otras disciplinas médicas.

¿Y qué sabemos después de echar un vistazo a los resultados de la década del cerebro? Sin duda, el logro más importante de estos años es habernos convencido, al menos a algunos, de que todo lo que somos está en el cerebro. Daniel Dennett dice que el único órgano que no se puede trasplantar es el cerebro porque, en ese caso, debería llamarse trasplante de cuerpo. Así es. Si trasplantamos un cerebro, en realidad, le estaríamos dando otra identidad a un cuerpo.

Sí señor, mi identidad y la tuya, mi personalidad y la tuya, mi inteligencia y la tuya, la conciencia de mí mismo y mis posibilidades de generar ideas de lo que piensas, todo, en fin, estuvo ahí durante miles de años y no supimos verlo hasta que llegó la gran década. Ahora resulta que no hay cerebro y mente como entidades separadas. Ahora resulta que los procesos mentales son el resultado del funcionamiento del cerebro y que la actividad cerebral produce procesos mentales. Cada vez que leo y pienso en ello, me siento un poco tonto por no haberlo visto antes, y haber pasado gran parte de mi vida dilucidando si los pacientes que trato en mi consulta padecían algún problema cerebral o psicológico.

De hecho, hasta hace quince años, el estudio del cerebro quedaba relegado a campos limitados del conocimiento donde unos "locos con sus extravagantes pruebas" intentaban desentrañar la relación entre las lesiones cerebrales y la conducta (traumatismos craneoencefálicos, accidentes cerebrovasculares y demencias). Sin embargo, en los últimos años, la relación cerebro-mente empieza a preocuparnos a todos. Algunos psicólogos, neurólogos y psiquiatras (permítanos la licencia para ponernos a nosotros primero) han abandonado sus barracones de invierno para tratar de comprender cómo funciona el cerebro de una persona como tú o como yo. Es curioso que, a estas alturas del trabajo, tengamos que plantear un hecho tan simple y tan evidente a su vez. Pensemos, sin ir más lejos, en cualquier otra disciplina de las ciencias médicas, ¿podemos concebir un buen oftalmólogo que no sepa cómo funciona un ojo normal? ¿Nos pondríamos en manos de un especialista en digestión que no tenga modelo? ¿Cómo funciona un estómago sano? ¿Crees que un buen cardiólogo prescinde del conocimiento de un corazón sano? Sin embargo, y esto es curioso, confiamos nuestra mente y cerebro a personas que no saben mucho sobre su funcionamiento.

Por lo tanto, es importante tratar de desentrañar las relaciones entre el cerebro y la mente comenzando por estudiar el funcionamiento del cerebro.

Estas afirmaciones, que son casi obvias, aún no se han introducido en los modelos que aplicamos en algunas ciencias como la psicología. La consecuencia es que nuestras interpretaciones del comportamiento humano son excesivamente mentalistas, es decir, desconocemos modelos de funcionamiento cerebral que ofrezcan una justificación sólida a todas esas afirmaciones que escuchamos a diario a los psicólogos en los medios. Por ejemplo, actualmente está de moda un diagnóstico llamado "déficit de atención", que seguro se ha escuchado y que hace referencia - como su nombre indica - a los niños que no prestan atención en clase ni en casa. Pero, ¿sabemos cómo operan los procesos de atención en el cerebro? Otro diagnóstico que lleva unos años entre los más escuchados es el de la anorexia, y se comenta, con bastante razón, que estos pacientes (casi todos son mujeres) no son conscientes de su problema. ¿Sabemos realmente qué es estar atento y con qué tipo de actividad cerebral se relaciona? Cuando un sujeto no sabe cómo resolver situaciones que se presentan en la vida, ¿sabemos qué procesos cerebrales intervienen en la resolución de problemas?

Es probable que algunos de nosotros recurramos a lo que San-Juan ha llamado eficacia ignorante y solucionemos este espinoso tema con respuestas como: "¿Qué importa si sabemos que los niños mejoran con ciertos medicamentos?" o "no importa lo que la conciencia sea, pero lo que importa es que una anoréxica reconozca lo que le pasa y se cure". Cuando ponemos en práctica este reduccionismo efectivo e ignorante nos encontramos con que podemos aliviar la tristeza de un depresor con drogas, aunque no sepamos qué es efecto sobre el cerebro o sobre la tristeza, o podemos aliviar la ansiedad de un paciente con relajación, sin preguntarle por qué está inquieto e incómodo. Un paciente fóbico y temeroso puede ser tratado sin tener que leer los modelos y teorías actuales sobre los mecanismos cerebrales implicados en el condicionamiento de las respuestas al miedo, pero la 'década del cerebro' nos ha enseñado que los científicos deben buscar respuestas o, en su defecto, intentar establecer mejores formulaciones de las preguntas.

Después de la década del cerebro, que debería extenderse al siglo del cerebro, podemos tomar la decisión de aprender (luego veremos cómo se toman las decisiones) si estamos dispuestos a mirar, ver y escuchar. La gran década del cerebro nos ha enseñado que no debemos hablar basándonos únicamente en nuestro sentido común descriptivo. Hemos aprendido que debemos despojarnos de la ideología para convertirnos en hombres de ciencia; nos han enseñado a profundizar en el conocimiento para desentrañar los misterios del cerebro y la mente. Podemos mirar para otro lado, pero el próximo torbellino nos alcanzará y nos colapsará si intentamos oponernos a él, solo podemos avanzar a favor de los vientos actuales. No es menos cierto que la ciencia nos asusta porque el concepto en sí está ligado a la complejidad. ¡Cómo vamos a entender el cerebro con lo complicado que es! Peter Arkins, profesor de química en la Universidad de Oxford, dice que hay que abrir la mente a la simplicidad de las grandes ideas científicas: "Mi criterio de lo que es una gran idea es que es algo fundamentalmente muy simple que todo el mundo puede entender, pero tiene consecuencias poderosas... la gente no debe temer a la ciencia, pero necesita una cierta interpretación que la haga comprensible."

Pero no creas que las ideas lúcidas son reservadas y son patrimonio exclusivo de personas con titulación universitaria. Juan es un paciente alto, quisquilloso y con poco pelo. Siempre usa el mismo vellón que denota su poco interés por la moda. Tiene 38 años, lleva barba desde hace unos días, y sus ojos verdes y su mirada alegre generan cierta curiosidad hacia su rumbo. Habla profusamente y parece que su cerebro hierve continuamente. Se le diagnostica esquizofrenia paranoide y acude a cada consulta con decenas de folios donde escribe sus pensamientos sobre lo divino y lo humano. Entre todos sus escritos encontré una frase que me llamó la atención y que, en parte, me motivó a interesarme por estudiar el cerebro. Dijo: "el que no se abre al conocimiento es limitado, y el que se limita nunca encontrará la verdad".

La Razón De Una Moda

Existe una prueba sencilla cuya aplicación no tarda más de 3 minutos y se denomina "prueba Stroop". Esta prueba trata de evaluar si un sujeto es capaz de inhibir una interferencia que lo "obstruye" en su camino hacia el objetivo. Tiene tres hojas, en la primera se pueden leer palabras mecanografiadas en gris donde se transcriben los nombres de los colores, en la segunda hoja el sujeto debe nombrar un centenar de manchas de colores que aparecen pintadas en las mismas y finalmente palabras correspondientes a colores pintados de diferente color que el significado de la palabra y el sujeto debe decir de qué color está pintada la palabra y no lo que está escrito (por ejemplo, aparece la palabra "verde" escrita con tinta roja, y el sujeto debe decir "Rojo").

Esta prueba se ha convertido en una de las pruebas de moda, ya que parece ser sensible a problemas relacionados con las funciones del lóbulo frontal. Durante años, esta prueba había permanecido oculta en la carpeta de unos psicólogos preocupados por las heridas de bala en la cabeza, o en los cajones de algunos neurólogos interesados en describir las secuelas observadas en pacientes que habían sufrido un ictus. Sin embargo, hace unos años, como alguien que descubre una obra de arte en el ático de la casa de su abuelo, la prueba ha comenzado a formar parte de las diferentes exploraciones habituales que los psicólogos realizan a sus pacientes.

Es curioso comprobar que este tipo de pruebas ya no se utilizan exclusivamente para evaluar a pacientes que sufren una lesión cerebral objetiva, sino que actualmente se aplican para intentar ver si las funciones cerebrales se ven afectadas en los trastornos mentales y del comportamiento. En realidad, esta es la idea fundamental que subyace en el surgimiento de la neurociencia y la búsqueda imparable de alteraciones del comportamiento cerebral. La idea de que todo comportamiento humano desde el más simple, cómo percibir una manzana en la cocina de mi casa, hasta el más complejo, como la conciencia de cómo soy, de todo, está mediado por patrones de actividad cerebral.

Un número importante de experiencias y casos clínicos publicados para apoyar la idea de la existencia de una estrecha relación entre el comportamiento humano y el cerebro. Hace unos 150 años, en París, Jean Martin Charcot, considerado el primer profesor de neurología e historia del mundo, introdujo el método clínico-anatómico. Este método consiste en encontrar relaciones entre una determinada lesión anatómica en el cerebro y las funciones que se ven afectadas por dicha lesión. A Paul Broca, antropólogo y médico francés se le atribuye el primer logro importante en este sentido. Describió el caso de un paciente llamado Eugene Leborgne que padecía un trastorno del habla secundario a una lesión cerebral. Lo único que el Sr. Leborgne pudo decir después de la lesión fue "así" debido a lo que le ha pasado a la historia con el nombre del "caso regular". De este caso y otros similares se dedujo que el lenguaje expresivo se encuentra en algún lugar del tejido cerebral. En 1907, Aloise Alzheimer describió las características clínicas y patológicas de un caso de deterioro cognitivo y mental que se inició a los 51 años de edad. En 1952, Scoville y Milner describieron el caso conocido de HM, un paciente con convulsiones severas que no eran controlables con el tratamiento normal, por lo que se decidió extirpar la zona del cerebro donde ocurrieron las convulsiones. Posteriormente, se observó que el hombre recordaba todo lo sucedido antes de la intervención, pero no recordaba nada de lo que aprendió o hizo después de haberlo sufrido.

Estos son solo algunos ejemplos que muestran dos hechos de enorme relevancia: por un lado, parece claro que todo lo que somos está en nuestro cerebro, y por otro, nos muestra que, al estudiar cerebros lesionados, podemos aprender un mucho de nuestra forma de trabajar.

-Disminuir esta compleja maquinaria cerebral.

Esta forma de estudiar el cerebro se ha denominado neuropsicología experimental, y su tarea se centra en encontrar relaciones sólidas entre lesiones en lugares específicos del cerebro y alteraciones en el comportamiento y el procesamiento de la información. La técnica que utiliza la neuropsicología para validar sus hallazgos es relativamente simple y se denomina doble disociación. Esta técnica, con un nombre tan pedante, continúa diciendo que si una lesión en un lugar del cerebro (llamémosla A) produce una determinada alteración (X) mientras que otra lesión en otro lugar (B) produce una alteración diferente (Y) y no la alteración X, podemos formular una hipótesis que nos permita aventurar que la región A del cerebro está relacionada con la función X.

Otra forma de estudiar el funcionamiento del cerebro se centra en el estudio de cerebros sanos. La técnica básica de este tipo de estudios consiste en afirmar que el funcionamiento del cerebro se asemeja al de una computadora; es decir, se ingresan algunos datos (entrada), se procesa la información y se emite el resultado (salida). Para este tipo de modelo, el funcionamiento del cerebro podría conceptualizarse como un mecanismo que trabaja con la información que recibe a través de los sentidos, procesa esta información almacenándola en la memoria, opera con ella y propone una forma de actuar. En este sentido, podemos afirmar que estos modelos, llamados modelos de psicología cognitiva, no se preocupan tanto por la maquinaria de la computadora sino por cómo funciona la computadora con ciertos programas.

Para ilustrar este modelo, intenta leer la siguiente oración:

"No itrompa en qué scuinecea eétsn las lartes de una parbala, lo úcino que itrompa es que la pemrira y la úmlita lerta etsén en el lagur cerrocto".

Este es uno de los hallazgos de la psicología cognitiva. Como ves, tu cerebro trata cada palabra como un todo, interpreta cada palabra como si observara un paisaje de un cuadro colgado en una exposición, sin dar demasiados detalles. De alguna manera, el cerebro trata la información y la ordena según parámetros preestablecidos; es decir, recibe información y la reconstruye para darle sentido. Es de cierta manera, como al observar la cola de tu perro que aparece detrás de un sofá, nadie dice "ahí está la cola de mi perro" sino más bien afirma con fuerza que el perro está detrás del sofá, es decir, el cerebro sabe que este detalle es parte de un todo.

Otro aspecto fundamental del cerebro humano es la capacidad de abstracción, entendida como el proceso mediante el cual podemos pasar de lo particular a lo general. De alguna manera, el cerebro humano es capaz de desarrollar la capacidad, a partir de objetos o hechos particulares, de extraer una idea que engloba hechos particulares y les confiere características que los unen como parte de un mismo concepto. Por ejemplo, hay cientos de razas de perros de diferentes tamaños, pelaje, cabeza o extremidades, pero mi cerebro les da a todos, la categoría de "perro". Esta capacidad de abstracción o pensamiento convergente es un pilar básico del conocimiento y la inteligencia. El ser humano crea, y genera ideas sobre el mundo que le rodea, ideas que te permiten comprimir conocimientos y te permiten ahorrar mucho tiempo en aprendizaje o memoria. ¿Te imaginas el caos que sería para el cerebro no tener una idea genérica de lo que es un perro, una fruta o un plato?

No podemos negar que el estudio de las relaciones entre cerebro y mente, entre la actividad cerebral y lo que sentimos, hacemos y pensamos es reciente. Esto puede haber contribuido, entre muchas otras razones, al acercamiento que se ha dado entre la neuropsicología clínica y experimental (que estudia las alteraciones en pacientes afectados por una lesión cerebral) y la psicología cognitiva (ofreciendo modelos de procesamiento de información en cerebros sanos). El interés de algunos investigadores por encontrar el sustrato cerebral de algunas funciones complejas como la inteligencia o la conciencia, unido al estudio de la implicación de funciones cerebrales específicas en sujetos que han sufrido una lesión cerebral, ha llevado a la ciencia hacia el abandono de la ideología para centrarse sobre el análisis científico de estos fenómenos.

Capítulo 6: El Cerebro Es Como Una Computadora

En la magnífica película de 2001, una odisea en el espacio Stanley Kubrick nos presenta a "HAL" (siglas antes de IBM), una computadora que dirige la nave espacial en la que sus protagonistas viajan por el espacio, una computadora que observa y escucha a sus ocupantes las 24 horas del día. Cuando sospechan que "HAL" (o sus programas) pueden estar cometiendo un error y piensan en cerrarlo, intenta acabar con ellos.

En Blade Runner, de Ridley Scott, un detective testarudo, desaliñado y vulnerable (Harrison Ford), consumido por el alcohol, la duda y el derrotismo, persigue tenazmente en una futurista y sórdida ciudad de Los Ángeles tras un grupo de fugitivos de la justicia, hasta eliminar a su jefe, el más peligroso de ellos, en un feroz duelo. Los evadidos, cuyo juego es el protagonista, no son más que replicantes, es decir, robots androides, refinados productos de la ingeniería genética, hechos de carne y sangre, así como componentes plásticos y electrónicos. Son tan perfectos que prácticamente nadie podría distinguirlos de los humanos. Cuatro replicantes, trabajadores ejemplares, regresan de un satélite artificial a la Tierra buscando prolongar su exigua vida de cuatro años adultos pero irredimibles. Tienen un solo proyecto perentorio y una sola ilusión humana, terriblemente humana: durar, es decir, vivir un poco más.

La película dirigida por Steven Spielberg, Inteligencia Artificial, nos transporta a una era futura donde los recursos naturales son limitados y la tecnología avanza a un ritmo vertiginoso. Los alimentos se crean mediante ingeniería genética y hay un robot entrenado para satisfacer todas las necesidades humanas, excepto el amor. La emoción es la última y controvertida frontera en la evolución tecnológica, pero "Cybertronics

Manufactured" ha creado a David, el primer niño robótico programado para amar. David es adoptado como prueba por un empleado y su esposa que añoran a su hijo que se encuentra en un estado de carbonización por sufrir una enfermedad incurable. Sin la aceptación final de los humanos; David emprende un largo viaje para recuperar el amor de su madre al descubrir un mundo en el que la línea entre el robot y la máquina es muy delgada.

Estas tres películas intentan poner en escena el ya antiguo debate centrado en si las máquinas serán capaces de emular al ser humano, o si el ser humano podrá crear una máquina del mismo nivel de complejidad (o superior). Las apuestas se mantienen por encima de su precio. En nuestro caso, vamos a abordar este tema desde dos puntos de vista que probablemente no sean excluyentes.

El primer enfoque se basa en intentar escudriñar las similitudes entre una computadora y un cerebro. Los dos parecen tener en común que han sido diseñados para trabajar con información, es decir, reciben información, la procesan y emiten un resultado. Así, el cerebro captura datos del entorno interno y externo a través de los órganos de los sentidos, trabaja con esa información y emite un comportamiento apropiado (o inapropiado) a la situación. Asimismo, el cerebro y la computadora guardan la información en su memoria para usarla posteriormente si otra situación lo requiere.

El segundo enfoque desde el que podemos analizar esta comparación se basa en examinar las relaciones entre el mundo físico y el comportamiento. De este análisis deducimos que el universo de la mente puede asentarse en el mundo físico. Las máquinas pueden ganar al hombre en un juego de ajedrez utilizando sistemas informáticos. Durante miles de años, la distancia entre los acontecimientos físicos, por un lado, y los contenidos, ideas, razones o intenciones del ser humano por otro, han dividido el mundo en dos: el mundo de la materia y el del espíritu. Sin embargo, las computadoras nos han enseñado que la distancia entre estos dos mundos es más corta de lo que pensamos y que gran parte de nuestra actividad mental podría explicarse en términos de entrada, procesamiento y salida. Las ideas y los recuerdos residen en las estructuras cerebrales y son el resultado de su actividad. El pensamiento está relacionado con combinar información del programa. Las intenciones y los deseos funcionan como lo hace un termostato, reciben información sobre la discrepancia entre un objetivo y el estado actual de la situación para poner en marcha mecanismos que reduzcan la discrepancia. La mente es el producto de la actividad cerebral, y el cerebro está conectado con el mundo por órganos sensoriales y programas motores, a través de los cuales el cerebro controla los músculos.

Como señala Steven Pinker, profesor del Instituto de Tecnología de Massachusetts, esta idea general puede llamarse "teoría computacional de la mente" y no es lo mismo que la "metáfora de la computadora". Este último afirmaría que algunas máquinas creadas por el hombre y el cerebro pueden explicarse en parte por los mismos principios. Al final, no es tan extraño que una especie pueda fabricar herramientas que pretenden simular sus comportamientos. La tecnología y el mundo natural intentan superponerse con cierta frecuencia, por ejemplo, cuando decimos que un juego de lentes simula el funcionamiento de un ojo, no decimos que son "el ojo mismo".

Yo diría que las computadoras simulan una parte del cerebro-máquina, pero no todo el cerebro. Las computadoras no parecen saber mucho sobre las emociones. No parecen conocer la intuición, no parecen tener mucha conciencia de sí mismos y no parecen ser capaces de anticipar lo que sienten otras computadoras. Sin embargo, la teoría computacional de la mente nos ha enseñado que conceptos como conocer y pensar son el resultado del trabajo de la máquina, que la racionalidad y el conocimiento pueden surgir en un lugar y tiempo determinados, bien en el tejido cerebral, ya sea en un chip que intenta simular esa función cerebral.

Nada de lo discutido hasta ahora significa que el cerebro funciona como una computadora, que la inteligencia artificial puede volverse lo mismo que la inteligencia humana o que las computadoras tienen experiencias subjetivas y lloran, ríen o se sienten disgustadas. Lo que simplemente quiero indicar es que algunas operaciones mentales como recordar, pensar, procesar información o combinar datos pueden asentarse en el mundo físico, la mente y el cerebro son lo mismo, no puede haber mente sin cerebro y no debería haber cerebro sin mente (aunque a veces lo parezca).

El Cerebro No Es Como Una Computadora

Ahora sabemos algo más sobre las similitudes entre una computadora y el cerebro, pero ¿qué es lo que realmente nos distingue?

Gerald Edelman y Giulio Tononi publicaron en 2000 un magnífico libro titulado *El Universo de la Conciencia*: cómo la materia se convierte en imaginación. En este trabajo, ambos autores resumen perfectamente en qué se diferencian las computadoras y el cerebro: "Nuestra breve revisión de la neuroanatomía y la dinámica neuronal indica que el cerebro tiene características especiales de organización y funcionamiento que no parecen ser coherentes con la idea de que se sigue un conjunto de instrucciones o de realizar cálculos. Sabemos que el cerebro está interconectado de una manera que ningún ingenio humano puede igualar. "

Hay varias razones utilizadas por Edelman y Tononi para argumentar esta afirmación. Primero, los billones de conexiones cerebrales no son exactas. Si preguntamos si las conexiones de dos cerebros del mismo tamaño son exactamente iguales, la respuesta es "no", y si preguntamos lo mismo acerca de una computadora, la respuesta es "sí". No hay dos cerebros idénticos, ni siquiera los de dos gemelos idénticos que comparten el mismo código genético. Las inmensas posibilidades de conexiones entre neuronas hacen que cada cerebro sea único y que haya tantas mentes como cerebros pueblan y han poblado el planeta Tierra.

Este argumento está bien ilustrado con el ejemplo del lenguaje. Cada ciudadano, como tú o como yo, puede utilizar en nuestro vocabulario diario unas 5.000 o 6.000 palabras con las que estamos continuamente desarrollando combinaciones que nos permiten producir un lenguaje diferenciado a lo largo de nuestra vida. Aunque repetimos con más frecuencia de lo que sería deseable algunas palabras o prefijos (ahora "súper", "mega", "ultra" e "hiper" están de moda) no es menos cierto que todo ser humano que utiliza cualquier idioma es capaz de producir una frase que no ha sido producida previamente por sí misma ni por ningún otro. Si ampliamos un poco el número de palabras, obtenemos toda la historia de la literatura universal, millones y millones de historias, cada una diferente, que se crean combinando un número finito de palabras.

Una segunda razón para este argumento es que, en cada cerebro, las consecuencias de su historia de desarrollo y su historia experiencial están marcadas de una manera única. Además, estos vínculos se fortalecen, eliminan o reemplazan por otros en función de las experiencias a las que nos sometemos. Ninguna máquina puede ahora crear y destruir programas con la facilidad que lo hace el cerebro humano; ninguna computadora en la actualidad puede incorporar tal diversidad individual como una característica central de su diseño.

La tercera razón está más relacionada con las señales que recibe un cerebro y cómo procesa esas señales. Como hemos visto antes, el cerebro es capaz de organizar y categorizar la información que recibe del exterior. Categorizar y organizar imágenes, señales sonoras o táctiles es algo que los ordenadores hacen muy bien y bastante parecido al del ser humano. Los ordenadores están equipados con sensores externos (micrófono, pantalla táctil, cámara) que reciben los estímulos, los categorizan y organizan. Lo que una computadora no puede hacer es procesar el contenido de la información sin un código preestablecido. Necesitan un programa previo para hacer algo con información organizada. Los ordenadores son incapaces "por sí mismos" de relacionar la información y mucho menos de reconocer nuevos contenidos y actuar en consecuencia.

Recientemente, se celebró en Lisboa una conferencia mundial sobre "comunicación oral entre personas y máquinas". La presidenta de la organización, la portuguesa Isabel Trancoso destacó que existen programas informáticos que reproducen lo que dicta la gente, pero sin entender. El gran desafío es que las computadoras logren extraer significado, descifrar el lenguaje humano, mantener diálogos, transmitir emociones o eliminar el sonido desagradable del sintetizador. Una computadora no ejecuta lo que no tiene programado, improvisamos nuevas formas de acciones ante nuevos estímulos. Esta capacidad de organizar la percepción con diferentes tipos de señales para la vista, el oído o el tacto dividiéndolas en clases coherentes sin un código preestablecido todavía no es comparable al trabajo de una computadora.

Otro argumento importante es la dinámica neuronal en sí, es decir, cómo cambian los patrones de actividad del cerebro con el tiempo. La característica fundamental y más importante del cerebro de los vertebrados es el intercambio constante y recursivo de señales en paralelo entre áreas del cerebro conectadas recíprocamente, un intercambio cuya finalidad es coordinar constantemente la actividad de estas áreas tanto en el espacio como en el tiempo para adaptarse al mundo en constante cambio que nos rodea. Para Edelman y Tononi todo esto está ausente en el mismo grado en cualquier computadora.

Aunque estos autores explican alguna razón más, creemos que los aquí descritos son los fundamentales. Como señalamos en su argumento, sus razones parecen estar más relacionadas con la complejidad del sistema que con las características inherentes a cada una de ellas. Pero además de estas características cuantitativas, existen otras de carácter cualitativo, como el papel que juegan las emociones en el procesamiento de la información en el cerebro o en el ordenador. El cerebro humano tiene un poderoso sistema que le da valencia emocional a cada una de las percepciones de todo lo que lo rodea. Una computadora puede ser capaz de percibir un objeto y reconocer que las características de ese objeto corresponden a las de una manzana, pero no evalúa si le gusta o no le gusta la manzana y no puede evocar los recuerdos del olor de ese manzano cerca de la casa de tu tío en la ciudad. Esta es una de las grandes riquezas del cerebro humano, crear un mundo subjetivo de objetividad, tener la sensación de que lo que percibimos es lo mismo que perciben los demás, pero dotándolo de una riqueza emocional que hace que esa percepción me pertenezca a mí y solo a mí, mezclar conocimiento con emoción para hacerme un ser irrepetible.

Observar El Cerebro

Otro hito en el conocimiento del cerebro ha sido, sin duda, nuestra capacidad para penetrar por el cráneo y ver cómo funciona esta maravillosa maquinaria. Hasta hace unos años podíamos acceder al cerebro a través de intervenciones quirúrgicas que se aplicaban, por ejemplo, para lesionar focos que producían descargas epilépticas en algunos pacientes y así poder paliar el sufrimiento causado por las crisis. Otra forma de conocer el funcionamiento de este órgano se basó en el estudio del cerebro de los cadáveres, que se denomina estudios "post-mortem".

Stephen Jay Gould dice que los seres humanos somos como crustáceos convertidos, somos endoesqueleto, es decir, tenemos un esqueleto interno sobre el que se forma la musculatura (a diferencia de los crustáceos). Esto nos ha permitido conocer bastante bien, y con técnicas tradicionales, cómo funciona cualquier músculo del cuerpo. Sin embargo, en lo que respecta al cerebro y la médula espinal, seguimos siendo crustáceos, cubiertos por huesos implacables que no permiten que nada penetre.

Sin embargo, en los últimos 30 años la tecnología ha avanzado de tal manera que nos ha permitido penetrar en el búnker que implica esta enorme masa ósea compacta y empezar a conocer cómo funciona esta gran máquina. Estas técnicas se denominan técnicas de neuroimagen porque consiguen obtener imágenes del interior del cerebro. Actualmente, con estas técnicas, se puede visualizar en imágenes cómo está funcionando el cerebro cuando un sujeto intenta memorizar una historia o intenta resolver un problema matemático. El cerebro ya no es una caja negra impenetrable, hemos encontrado la ventana que nos permite entrar.

Estas técnicas se dividen en dos grandes grupos: por un lado, están las llamadas neuroimágenes estructurales y, por otro, las funcionales. El primero intenta captar cómo es la estructura del cerebro y el segundo cómo funciona esa estructura. Si ponemos el ejemplo de un motor de automóvil, podríamos decir que la imagen estructural refleja cómo es cada una de las partes del motor y la imagen funcional de cómo funciona el motor (las partes pueden estar bien pero el motor puede no estar funcionando correctamente).

Entre las técnicas de neuroimagen estructural, la más popular es la Tomografía Axial Computarizada (TAC) conocida coloquialmente como "Escáner". Esta prueba se basa en la emisión de rayos X que atraviesan el tejido cerebral y recogen los que se reciben a la salida. Se emiten múltiples haces de rayos hacia el cerebro y hay un dispositivo que captura la diferencia entre los rayos emitidos y los absorbidos por el cerebro. Cada haz de rayos actúa como un corte en el cerebro y vemos una imagen del resultado de cada uno de esos cortes producidos por el haz de rayos que, como un cuchillo, seccionan el cerebro, como si estuvieran cortados. Cuando la imagen es más clara refleja que parte del cerebro está estructuralmente bien y cuando está más oscura podemos intuir que hay una lesión.

La otra técnica estructural se llama Resonancia Magnética Nuclear (RMN), comúnmente llamada "resonancia". El fenómeno de la resonancia fue descubierto en 1946 en la Universidad de Stanford por Felix Bloch y en la Universidad de Harvard por Edward Purcell, por lo que ambos recibieron el Premio Nobel de Física en 1952. La resonancia magnética se basa en un imán que crea un campo magnético (como cualquier imán que usas para dejar notas en la puerta de tu refrigerador), un transmisor de radiofrecuencia, una antena que recibe y recolecta la señal y una computadora con un sistema que te permite representar la imagen. Es decir, sometemos al cerebro a un campo magnético (como el creado por un imán) y aprovechamos las propiedades magnéticas de los protones de algunas sustancias como el hidrógeno. ¿Lo que pasa? Bueno, estos protones, cuando se someten a ese campo magnético, tienden a alinearse con ese campo como cuando se acerca un clip a un imán. Una vez alineados con ese campo, si emitimos una señal de radiofrecuencia, esos núcleos de la sustancia absorben energía de esa radiofrecuencia. Si recolectamos la energía que sale después de emitirla, sabemos cuánta energía absorben los núcleos, lo que se puede traducir en la densidad de estos núcleos y su entorno bioquímico. Ahora solo nos queda transformar estos datos de densidad en una imagen que muestre la estructura del cerebro a simple vista y en un formato más o menos agradable al ojo humano.

Las técnicas de neuroimagen funcional intentan capturar imágenes que muestren el funcionamiento de tejidos, órganos y sistemas de los seres vivos. La funcionalidad de los organismos se puede analizar utilizando diferentes sustancias que están ligadas a marcadores radiactivos que nos permiten rastrear su evolución y cómo se comportan.

A diferencia de las pruebas estructurales, que intentan detectar la atenuación de la radiación en el cerebro producida por un agente externo, las pruebas funcionales se basan en detectar la radiación emitida desde el interior del cuerpo. Para obtener una imagen funcional, necesitamos administrar un elemento radiactivo (generalmente radiación o emisor de positrones) unido a una molécula o compuesto que sigue una ruta metabólica particular. La unión de la molécula con el emisor radiactivo se denomina radiofármaco o radiotrazador. Este tipo de técnica permite obtener un conjunto de imágenes que representan la actividad cerebral según cortes en los tres ejes del espacio.

Las técnicas de neuroimagen funcional tienen un gran valor porque nos ayudan a ver cómo funciona el cerebro. Las más conocidas son la PET (tomografía por emisión de positrones) y la SPECT (tomografía por emisión de fotón único). El primero es un método sensible de obtención de imágenes basado en la pequeña detección de isótopos radiactivos. Estos isótopos marcan (se adhieren a) moléculas de interés biológico emitiendo positrones. Los trazadores marcados llegan al cerebro después de su inyección intravenosa y permiten obtener imágenes de las variaciones regionales en el flujo sanguíneo y el metabolismo de la glucosa en diferentes regiones del cerebro.

La SPECT (tomografía por emisión de fotón único) requiere el uso de radioisótopos que emiten radiación de un solo fotón, generalmente en forma de rayos gamma (por ejemplo, xenón, yodo o tecnecio). Este método está limitado por su sensibilidad y resolución espacial relativamente bajas, pero puede proporcionar información muy valiosa sobre el flujo sanguíneo cerebral y la distribución de ligandos marcados con isótopos. Por eso sería deseable utilizar técnicas estructurales y funcionales juntas para lograr una mejor comprensión del cerebro.

Debemos tener en cuenta que tanto la neuroimagen funcional como la estructural suelen tener una buena resolución espacial en detrimento de una adecuada resolución temporal, a diferencia de otras pruebas que se basan en la medición de la actividad eléctrica cerebral como el electroencefalograma tradicional y la magnetoencefalografía más moderna que obtienen una buena resolución temporal en detrimento de la claridad espacial. En otras palabras, las pruebas de neuroimagen indican bastante bien dónde suceden las cosas, y las pruebas electroencefalográficas nos muestran cuándo suceden.

Este libro intenta aportar algo al lector para que comprenda cómo funciona la máquina más maravillosa jamás diseñada (encargada por la evolución).

Phineas y Mario

Los diferentes estudios realizados con pacientes afectados por lesión cerebral durante el siglo XIX y los primeros 90 años del siglo pasado demostraron que podemos encontrar en el cerebro muchas de las funciones cerebrales que nos ayudan a relacionarnos con el mundo circundante. Conocemos mejor, gracias a las técnicas de neuroimagen, dónde está la percepción visual, el lenguaje, la función motora o la memoria. Sin embargo, esto nos permitió mantener la esperanza de que un objeto mágico pasara por las coordenadas del tiempo y el espacio para posarse sobre nosotros y dotarnos de lo que llamamos humanidad.

La inteligencia, la toma racional de decisiones, la conciencia, el juicio social, la voluntad, la personalidad o la ética se nos escapan de las manos de los investigadores de la misma manera que se nos escurre entre los dedos la arena seca de una playa cuando tratamos de retenerla en nuestro puño. Todo lo que nos hace más radicalmente humanos y refleja mejor nuestra especificidad como especie parecía responder a fenómenos extraños en nuestra mente y era difícil relacionarlo con el funcionamiento del cerebro.

Sin embargo, en 1994, el prestigioso neurólogo Antonio Damasio recuperó para la ciencia un cadáver que ha revolucionado el conocimiento del cerebro. Este cadáver corresponde a un Phineas Gage (así se llamaba).

En 1868 el Dr. Harlow describió el caso de Phineas, un "hombre eficaz y responsable" que trabajaba como gerente en los ferrocarriles de Vermont y luego de sufrir un accidente laboral en el que una barra de hierro atravesó su cerebro sufrió un cambio repentino en su personalidad, por lo que significa que algo debe haber en el cerebro que corresponde a la condición humana.

Según el propio Harlow, en una conferencia ante la Sociedad Médica de Massachusetts, "el equilibrio entre su facultad intelectual y sus propensiones animales se había destruido". Ahora Phineas ya no era Phineas, se había convertido en un "ser irregular, irreverente, a veces cayendo en las mayores blasfemias, que antes no era su costumbre, sin mostrar el menor respeto por sus compañeros, impaciente por las restricciones cuando entran en conflicto con sus deseos, obstinadamente, caprichoso y vacilante, imaginando muchos planes de acción futuros que se abandonan antes de ser organizados..."

Dando un salto en el tiempo pasamos de 1868 a 1994. 126 años después, la esposa de Antonio Damasio, Hanna, junto con otros investigadores, fotografiaron el cráneo herido de Phineas en el Museo Médico Warren. El estudio de las fotografías combinado con las descripciones de la herida les permitió recrear la trayectoria que siguió la barra utilizando técnicas de simulación en una potente computadora. Una región del cerebro que posteriormente se destacó como crítica para la toma de decisiones o para el juicio ético, la región prefrontal ventromedial (ubicada justo detrás del frente) había sido parcialmente dañada. Estos resultados sugirieron que los actos más sublimes de la especie humana se encuentran en algún lugar del cerebro y que si ocurre una lesión en esa región del cerebro, nuestro juicio ético se ve afectado.

Mario es un hombre de 42 años, ingeniero de profesión, de mediana estatura y extremadamente delgado. Se mueve con cierta torpeza y su apariencia recuerda a los estudiantes internos. Nunca combina bien los colores de su ropa y da la impresión de que no siente ni frío ni calor porque siempre va vestido de la misma manera. Una inmensa mata de pelo le cubre la cabeza, y aunque impecablemente peinado, su estilo nos transporta a épocas pasadas. Lleva anteojos con el marco delgado y metálico que insinúan una forma hexagonal. Su discurso es impecable en cuanto al uso de un rico vocabulario, aunque debemos esforzarnos por escuchar porque su discurso es monótono y regular, no modulado por ningún estado emocional aparente, algo así como la voz que te advierte en las gasolineras que estás están repostando gasolina sin plomo.

Cuando tenía 32 años, Mario decidió pasar unas vacaciones de verano en Estados Unidos con su esposa, quien se había enamorado de él unos años antes "por su inteligencia, su amor y su capacidad para trabajar". En una intersección en Arizona, un automóvil saltó un paso y los chocó, yendo al costado del vehículo donde estaba sentado Mario. Inmediatamente fue ingresado en un hospital donde permaneció en coma durante 22 días. Las diferentes pruebas que se le realizaron revelaron diferentes contusiones cerebrales que evolucionaron bien con el tiempo, todas menos algunas bolsas o quistes de líquido que se ubicaron justo en los lóbulos frontales.

A partir de entonces, Mario tampoco fue Mario. Las pruebas de inteligencia a las que se sometió reflejaron que tiene una inteligencia normal y es muy capaz de razonar en diferentes situaciones, pero su esposa afirmó con fuerza que algo ha cambiado. Ya no tenía metas en la vida. No supo integrar sus vivencias, sus relaciones sociales se volvieron difíciles, siempre hace las mismas cosas de la misma manera, se enfoca en su cuidado personal, etcétera. En resumen, su comportamiento cambió drásticamente.

Los casos de Phineas y Mario revelan la existencia en el cerebro humano de sistemas dedicados al razonamiento y las dimensiones personales y sociales del ser humano. Ha pasado más de un siglo entre los dos casos, más de cien años en los que podemos encontrar múltiples descripciones de este tipo que significan que algo en el cerebro humano concierne a la condición humana, como la capacidad de tomar decisiones, anticipar el futuro, actuar en un mundo social complejo, juicio ético, conocimiento de uno mismo y del otro y control de la propia existencia. ¿Queda algo de esa especificidad de la condición humana que no se pueda colocar en el cerebro?

Las Mariposas Del Alma

Imagina que sacas un huevo de tu refrigerador, lo golpeas contra el borde de la encimera, lo abres y dejas caer su contenido al piso. La yema se queda en el centro y la clara se esparce de forma irregular. A la derecha forma manchas similares a las ramas de un árbol, y a la izquierda toma la forma de un brazo largo como si quisiera agarrar algo. Toma otro huevo mentalmente y realiza la misma operación. El huevo cae y describe la misma forma que el anterior. En el centro, la yema y "las ramas del árbol" caen justo al lado de donde termina el brazo alargado del anterior, y en el otro extremo la mancha describe otro brazo alargado. Si puedes visualizar la escena, tendrás una idea bastante aproximada de lo que son dos neuronas. Cada neurona, entonces, consta de un núcleo ("la yema"), ramificaciones en un extremo (llamadas dendritas) y un brazo largo en el otro lado (llamado axón).

Imagínate ahora (si puedes) 100.000 millones de huevos tirados en el suelo describiendo todas las formas que ha visto antes. Eso es un cerebro, en términos nutricionales, 100.000 millones de huevos. En términos más estéticos, Ramón y Cajal describió las neuronas como: "células de formas delicadas y elegantes, las misteriosas mariposas del alma, cuyo batir de alas quién sabe si algún día aclarará el secreto de la vida mental".

Seguro que todo el mundo ha oído hablar de las neuronas y, a partir de este momento, pueden tener una idea de su diseño. Ahora lo importante es saber cómo se comunican entre ellos ya que la complejidad de un sistema como un cerebro no se debe solo a la cantidad de elementos que contiene sino también a las relaciones que se establecen entre esos elementos.

Trata de tomar un clip de oficina, estíralo, recógelo de un extremo y enciende una llama en el otro extremo. ¿Qué pasa? El calor lo ha transmitido el alambre y has tenido que soltar el clip porque te quemó. Ahora comienzas a tener una idea de cómo se comunican las neuronas. Sabemos que las neuronas no se tocan entre sí, sino que transmiten información. El pequeño agujero entre dos neuronas se llama espacio sináptico, y cuando están en reposo (no tienen nada que decir), permanece vacío. Mientras lees esto, escucha la música de un teléfono móvil, mira hacia arriba e intenta discernir si ese sonido pertenece a tu móvil. Se han puesto en funcionamiento las neuronas responsables del procesamiento de la información auditiva. ¿Cómo?

Recuerdo que cuando era niño, un compañero de escuela estaba a punto de morir electrocutado al introducir los extremos de un cable en un riachuelo, quedando entre ambos extremos lo que provocó una descarga eléctrica; Desde entonces, sé que ciertas sustancias son buenos conductores de electricidad. Cada neurona encargada de trabajar con la información que ingresa por el oído se excita produciendo una descarga eléctrica, y como resultado de esa excitación libera sustancias químicas (llamadas neurotransmisores) encargadas de transmitir el impulso nervioso a las células con las que se comunica. Esto ocurre hasta cierto punto y en un tiempo determinado. El resultado de esta frenética actividad me lleva a la conclusión: "ese sonido es de mi móvil". Bueno, el cerebro contiene un billón de comunicaciones potenciales entre esos 100.000 millones de neuronas que hemos indicado anteriormente. Las neuronas están organizadas en redes y sistemas. El contacto entre ellos se lleva a cabo a través de contactos funcionales altamente especializados llamados sinapsis. La mayoría de las sinapsis son de tipo químico, es decir, utilizan moléculas llamadas neurotransmisores para comunicarse entre sí. Entonces, ahora sabemos algo sobre la física y la química del cerebro, un impulso nervioso excita la neurona (física), y reacciona liberando algunos neurotransmisores para contactar y comunicar la información a otros (química).

Genes, Atmósfera y las Libélulas de Harry Potter

Un tema que ha apasionado a los estudiosos del comportamiento en general y del cerebro en particular, es el peso de los genes y el aprendizaje en el comportamiento humano, quizás porque el 50% del genoma se encarga de codificar la información relacionada con el desarrollo cerebral. En realidad, la discusión casi nunca ha ido más allá de afirmar que "la genética es importante, pero el aprendizaje también es importante". Si hacemos una simple operación matemática podemos afirmar que la suma entre genética y aprendizaje da como resultado comportamiento. Sin embargo, esta afirmación subyace a un apriorismo que puede no ser del todo cierto, ya que se afirma que el comportamiento es resultado de la genética o del medio ambiente, pero no de ambos.

Pero, ¿qué es la genética? Todos hemos oído hablar del gran hallazgo de que la ciencia ha podido descifrar el código genético. El genoma humano, llamado conjunto completo de genes, está empaquetado en veintitrés pares de cromosomas diferentes. Como Matt Ridley ilustra de manera muy ilustrativa en su magnífica obra Genoma, imagina que el genoma es un libro, este libro contendría veintitrés capítulos llamados cromosomas y cada capítulo contiene miles de historias llamadas genes.

Esta idea de considerar el genoma como un libro es literalmente cierta. Un libro es una unidad de información, escrita en líneas y tiene un código que convierte un pequeño alfabeto en un gran léxico de significados ordenando las letras. El libro del genoma tiene hasta ochocientas biblias, y mientras que los libros están escritos con palabras de longitud variable que usan un alfabeto de 28 letras, los genomas están escritos con palabras de tres letras usando un alfabeto de solo cuatro: A, C, G, T - que significa adenina, citosina, guanina y timina. Estas palabras no están escritas en páginas planas como las de este libro, sino en cadenas en forma de hélice llamadas moléculas de ADN.

Los genes son, por tanto, un manual de instrucciones, una hoja de ruta para orientar cada una de las células de nuestro organismo. Desde el momento de la fertilización, comienzan su trabajo. A las pocas semanas de embarazo, por ejemplo, le dan un mapa e instrucciones a un grupo de células indiferenciadas y les dicen "aquí están las instrucciones, van a ser células cerebrales en el futuro, y deben seguir la ruta indicada en el mapa para ubicarlo en el lugar correcto. "Este es un momento crucial para la futura migración determinada. Las células, guiadas por el mapa del genoma, inician el camino para llegar al lugar donde deben cumplir su misión. Y es aquí, donde el ambiente comienza a actuar. Si la madre de ese niño en ciernes consume alcohol, ese alcohol operará como una tormenta de arena en medio del desierto, desviando nuestra expedición de células cerebrales de su camino, lo que provocará que muchos mueran en el intento.

En 1984, Charles Sibley y John Ahlquist, de la Universidad de Yale, descubrieron que el ADN de los chimpancés se parecía más al ADN humano que al de un gorila. El genoma humano contiene alrededor de tres mil millones de letras, pero lo que producen no está delimitado por cantidad sino por orden. La diferencia entre tú y yo es de aproximadamente un 0,1%, es decir, unos tres millones de letras diferentes. Entre un chimpancé y un humano, esa diferencia se extiende a 45 millones de letras, lo que equivale a unas diez Biblias. Como señala el propio Ridley, la diferencia entre dos novelas diferentes no es básicamente el vocabulario que utilizan, sino el orden de las palabras.

La diferencia entre las dos novelas no radica en el uso de palabras diferentes, sino en el orden de las palabras.

Otro aspecto importante para comprender la genética es lo que se ha llamado función de plantilla y función de transcripción genética. Estos términos, que, como casi todo el mundo en la ciencia, son pedantes, vienen a decir que tienes cierta información en tus genes, y toda esa información se llama plantilla (las ochocientas biblias). Sin embargo, solo una parte de toda esa información se manifestará. Se transcribirá (calcula que el contenido equivale a unas 160-200 biblias) mientras que el resto de esa información permanecerá dormida a lo largo de su vida aleatoria.

La clave está aquí, ¿quién "elige" la información que saldrá de los libros y que se mantendrá cerrada en las estanterías? La respuesta es la experiencia o si te gusta el entorno. Los genes son como miles de cerraduras que abren puertas para diferentes aspectos de la vida (desde si voy a ser alto o calvo hasta las enfermedades que puedo adquirir), y mi vida se convierte en un ir y venir cogiendo llaves que abren determinadas cerraduras y mantén los demás cerrados. Como en la película Harry Potter y la piedra filosofal cuando Harry, Hermione y Ron entran a una habitación donde observan una escoba y miles de llaves que, en forma de libélulas, vuelan a su alrededor. Harry debe coger la llave más antigua que le permite pasar a la siguiente habitación, para lo cual se monta en la escoba. Esta es la genética y el medio ambiente; los genes están montados en la escoba de la vida, atrapando llaves. Solo el tiempo dirá si las claves (experiencias) fueron adecuadas.

Es cierto que hay algunas enfermedades contra las que no podemos hacer nada, no hay forma de evitar el destino que nos han preparado los genes, enfermedades que dependen al cien por cien de la genética, aunque se pueden considerar como la excepción que confirma la regla. Un ejemplo de esto es la enfermedad de Huntington que se hizo popular cuando, en 1967, mató al cantante de folk Woody Guthrie. En 1872, el Dr. Huntington lo identificó por primera vez en Long Island. Clínicamente puede manifestarse en forma de deterioro físico, intelectual o emocional. El signo clínico más llamativo es Koros, palabra griega que significa danza, debido al movimiento característico de los individuos que padecen esta enfermedad. Koros comienza como una leve inquietud motora que incluso puede pasar desapercibida para el paciente y su familia, progresa lentamente hasta quedar incapacitado en el transcurso de unos quince o veinte años. Son frecuentes las sacudidas y movimientos irregulares y repentinos de la cara, las extremidades superiores o inferiores o el tronco. La marcha en Koros está desanimada y descoordinada como si el paciente estuviera bailando, por eso desde la antigüedad a Koros se le ha llamado "danza de San Vito". Bueno, un post-Dr. El estudio de Huntington reveló que los casos de Long Island eran parte de un árbol genealógico más grande que tuvo su origen en Nueva Inglaterra. En doce generaciones de ese linaje se encontraron más de mil casos de la enfermedad, y todos eran descendientes de dos hermanos que emigraron de Suffolk en 1630. La causa de esta enfermedad se encuentra en el capítulo cuatro del libro del genoma (en el cromosoma 4), y en 1993 se encontró el gen portador de la enfermedad.

Pero como decimos, esta es la excepción, porque la mayoría de los genes no operan de forma tan drástica. No recuerdo dónde leí un experimento que me llamó la atención. Se trata de moscas con las que se han realizado múltiples experimentos genéticos, coloquialmente llamadas moscas del vinagre. Pues bien, un grupo de investigadores consiguió manipular un gen para que las mencionadas moscas nacieran sin alas, es decir, habían encontrado el gen responsable del desarrollo de las alas. Pero un día, alguien cometió un error y aumentó la temperatura del laboratorio en diez grados. ¡Y para sorpresa de todos, las moscas con el gen "manipulado" que fueron expuestas a temperaturas elevadas, nacieron con alas! Es decir, el ambiente (la temperatura externa) fue la llave que abrió la cerradura de ese gen "encargado de las alas".

Otro experimento realmente interesante se realizó con un tipo de ratas, en el que fue posible encontrar el gen de la hipertensión (las ratas también pueden ser hipertensas). Es decir, cuando se manipuló este gen, toda la camada nació con hipertensión. Sin embargo, una madre murió al dar a luz a la camada y sus ratoncitos no pudieron ser amamantados por la madre, por lo que fueron alimentados con biberón. La sorpresa se capitalizó cuando observaron que estos ratones no eran hipertensos. La clave que abrió el gen de la hipertensión, entonces, fue la experiencia de amamantamiento de la madre.

Los fumadores también son un buen ejemplo. Dentro de "la enciclopedia del buen fumador" y en el capítulo de "explicaciones creíbles de por qué no dejo de fumar" encontrarás la historia del hombre de 95 años que fumaba dos paquetes de cigarrillos (sin boquilla) desde su adolescencia y mantuvo una salud envidiable. Bueno, la explicación más plausible es que este hombre no tenía el gen del cáncer de pulmón, y también es muy posible que tú lo tengas ya que las estadísticas indican que es un gen realmente extendido. Si fumas, es porque se te ha dado la misión de recoger las llaves y estás destinado a abrir esa cerradura. Es como jugar a la ruleta rusa con cinco balas en el cargador. El resto no son más que justificaciones para mantener tu comportamiento adictivo.

Acabamos de nombrar comportamiento adictivo y estamos hablando de genes. Intentemos unir los dos y entenderemos mejor la riqueza de esa relación entre la genética y el medio ambiente. Las ratas Lewis y Fisher son muy similares porque tienen prácticamente el mismo código genético. Sin embargo, cuando los hacemos probar drogas, los primeros se autoadministran cocaína con mucha más intensidad que los segundos, es decir, están "más descontrolados". Imagínate las ratas de Lewis tomando cocaína sin parar hasta morir exhaustas, mientras las de Fisher toman drogas, descansan, comen algo, regresan y toman drogas... Esto indica que puede haber un marcador genético de adicción, que obviamente se abre cuando experimentas con elementos potencialmente adictivos (si estas ratas no dispensan cocaína habrían muerto sin haber conocido esta tendencia al "libertinaje" de las ratas de Lewis).

Parece claro, entonces, que ese pacto de señores alcanzado por genetistas (que defendían que todo es genético) y ambientalistas (que defendían que todo depende del entorno y de la experiencia) de repartir el bizcocho a la mitad para cada uno, no sería literalmente cierto. Como comprenderás, hay una diferencia de matices si decimos que "todo (excepto algunas enfermedades como la Koros de Huntington) es genético y todo es ambiental". De alguna manera, ni tú ni yo podemos ser nada que no esté en nuestros genes. Pero es la experiencia y el entorno en el que nos movemos los responsables de abrir esos genes o dejarlos cerrados mientras dura nuestra existencia. Si la temperatura del laboratorio afecta las alas de las moscas de vinagre y el amamantado afecta la hipertensión de las ratas, lo que nos hace únicos es un código genético complejo y vivencias en ambientes tremendamente enriquecidos. Si lo piensas bien, esta afirmación no quita mérito a la riqueza de nuestra especie, de la que nos jactamos cada día.

El Sótano y La Vivienda

Como señala Rita Carter, el cerebro humano tiene el tamaño de un coco, la forma de una nuez, el color del hígado crudo y la consistencia de la mantequilla fría. Este coco se divide en dos partes denominadas hemisferio derecho y hemisferio izquierdo que se comunica a través de una vasta red de fibras bautizadas con el nombre de cuerpo calloso. La parte más externa del cerebro se llama corteza cerebral y está formada por tejido con arrugas profundas como si se retorciera sobre sí mismo para ganar espacio.

La región que une el cerebro con la médula espinal es el área más primitiva del cerebro y se conoce como tronco o tronco encefálico. Es el sótano donde se ubican los leños de luz o la caldera de calefacción en las antiguas casas de campo. Su tarea principal es dotar de energía al cerebro para que pueda funcionar correctamente. Cuando vemos pacientes con una lesión del tallo cerebral, nos sorprende que sus funciones superiores parezcan conservadas, pero el funcionamiento del sistema es extremadamente lento. Da la impresión de una máquina de 220 voltios conectada a una corriente de 125 voltios.

Entre este tronco cerebral y la corteza se encuentran las regiones subcorticales (debajo de la corteza), entre las que destacan los ganglios de la base, relacionados con la enfermedad de Parkinson y, por tanto, el movimiento, el cerebelo (cerebro pequeño). Tradicionalmente se ha relacionado con el movimiento (su implicación hace que caminen como si hubieran bebido demasiado) y el habla (los heridos en esta región cerebral no pueden modular el tono de la voz) aunque en los últimos años también se ha relacionado con otras actividades cognitivas más complejas.

Dentro de estas estructuras subcorticales, hay módulos que se anidan directamente debajo del cuerpo calloso y se denominan sistema límbico. Este sistema adquiere una importancia vital en nuestra experiencia y en nuestra forma de proceder, ya que es la región donde se asientan las emociones.

Las emociones, sobre las que volveremos más adelante, son fundamentales para nuestra supervivencia, el miedo, la tristeza o el enfado son signos que guían nuestro comportamiento y funcionan como alarmas que indican que algo no va del todo bien. Asimismo, este sistema límbico parece estar relacionado con la mayoría de impulsos y apetitos que nos ayudan a sobrevivir, como la sensación de hambre, sed, sueño o apetito sexual (aunque podemos prescindir de este último parece que una necesidad del ser humano es transmitir sus genes a otras generaciones de la especie). Además de estas funciones de alto valor adaptativo y supervivencia, este sistema límbico tiene otras funciones. El sistema límbico incluye diferentes estructuras: el tálamo, el hipotálamo, la amígdala y el hipocampo entre otras. El tálamo es una especie de transmisor de la información proveniente de los sentidos hacia el córtex, razón por la cual algunos autores han llamado la puerta dinámica a la percepción. Es decir, dirige la información que recibimos por cada uno de los sentidos a las áreas especializadas de la corteza en el procesamiento de ese tipo de información. Debajo del tálamo, y como su nombre indica, se encuentra el hipotálamo que intenta mantener las condiciones físicas del cuerpo para lograr una óptima adaptación al medio (por ejemplo, regulando la temperatura corporal). Finalmente, el hipocampo (llamado así porque su forma se asemeja a un caballito de mar) cumple una tarea fundamental en el establecimiento de la memoria a largo plazo y la amígdala, ubicada frente al hipocampo, es el lugar donde se percibe y se genera el miedo.

Ya tenemos una casa con la energía adecuada para que todo funcione bien y el primer piso, donde se ubica el servicio, trabajando incesantemente y en un trabajo sordo para que podamos observar con admiración la gran belleza del piso principal, el Córtex. Es importante que notemos que cada casa se ha construido de abajo hacia arriba y así, el cerebro humano se ha desarrollado (las nuevas estructuras se asientan sobre las viejas estructuras). También hay que reparar el papel fundamental de quienes trabajan en el sótano y en la cocina y en el piso de "servicio" para que todo sea lo que debe ser. Sin ellos, nada sería como es.

Como hemos indicado anteriormente, la corteza se divide en dos hemisferios, el derecho y el izquierdo y cada uno de estos hemisferios se subdivide, a su vez, en partes o regiones denominadas lóbulos. Así, en la región más posterior y en la zona del cuello se encuentra el lóbulo occipital, cuya tarea principal es la elaboración de la percepción visual. Alrededor del área de las orejas está el lóbulo temporal y por encima el parietal. Así, el lóbulo temporal izquierdo es más responsable del lenguaje y el derecho a integrar aspectos de la percepción. El lóbulo parietal izquierdo trabaja más con cálculo, escritura y movimientos que nos llevan a realizar actividades como meter una hoja en un sobre mientras que el parietal derecho adquiere más responsabilidades a la hora de actividades como reconocer rostros conocidos, orientarme por mi ciudad, capturar la tridimensionalidad y saber dibujarla o saber "rotar mentalmente" objetos en el espacio. Ya tenemos familiares (incluidos los suegros).

Finalmente, encontramos los lóbulos frontales que se encuentran justo detrás de nuestra frente. En términos genéricos, podemos afirmar que están a cargo del razonamiento, del juicio social, de la toma de decisiones, o de mi capacidad para resolver situaciones comprometidas que surgen en mi vida (vamos, directores de orquesta). Este libro está dedicado, en gran parte, a mi admiración por esta región del cerebro, ya que los lóbulos frontales tienen una íntima relación con los aspectos más sublimes del ser humano. Conceptos como inteligencia, personalidad o conciencia parecen estar íntimamente relacionados con el funcionamiento de la corteza frontal.

En realidad, esta es una visión algo simplificada del cerebro, porque se basa en funciones más o menos localizadas como el lenguaje, el cálculo matemático, el control voluntario del movimiento, las habilidades espaciales, el reconocimiento facial o la orientación en lugares conocidos. Sin embargo, otras funciones como la atención, la memoria o la capacidad de resolver situaciones novedosas están más repartidas por todo el cerebro.

Ya tenemos una idea de cómo actúa el cerebro: un sótano donde se crea energía para que la casa pueda funcionar, un área de servicio que opera de manera desapercibida pero tremendamente efectiva para que todo esté preparado y un magnífico primer piso en donde vas realizar un concierto. Los músicos con sus instrumentos y sus partituras están en la corteza y dentro de ella en los lóbulos occipital, parietal y temporal y en los lóbulos frontales se aloja un magnífico director dispuesto a hacer que todos trabajen juntos para desarrollar una hermosa pieza musical.

Módulos o redes

Durante años ha habido un gran debate sobre el estudio del funcionamiento cerebral centrado en la cuestión de si el cerebro funciona de forma modular o en red. Es decir, si las operaciones cerebrales se resuelven solo con la participación de áreas especializadas en esa tarea o hay muchas regiones que participan en dar lugar a un proceso mental. En verdad, me parece que este es un debate falso. Por supuesto, existen áreas especializadas en determinados procesos y que el cerebro necesita funcionar como un todo para dar lugar a cualquier acto mental o interpretación de la realidad que de él se derive.

Este debate es realmente antiguo. Los modelos basados en la modularidad, tienen sus primeros padres en la frenología del siglo XVIII. Luego, autores como Franz Joseph Gall argumentaron que el cerebro estaba dividido en múltiples funciones (llamadas órganos) y también afirmaron que, al palpar el cráneo de un individuo, podríamos saber qué funciones se habían desarrollado más. Así dividieron el cerebro en múltiples regiones donde podríamos encontrar funciones tan peculiares como el amor por los animales o el patriotismo. Mientras tanto, otros autores como Flourens opinaban que todo el tejido cerebral estaba implicado en todas y cada una de las funciones cerebrales.

Es casi evidente que el cerebro no puede funcionar como compartimentos estancos en función de cada comportamiento que realicemos, y aunque existen áreas cerebrales muy especializadas en su función, otras participan en distintas funciones cognitivas creando una compleja red de circuitos neuronales. De hecho, el cerebro funciona armoniosamente en cualquier situación de la vida cotidiana, por muy simple que sea.

Por ejemplo, entras en tu casa, te acercas a la sala de estar y observas los restos de una manzana en tu mesa. Eres muy ordenado y esto te molesta mucho, así que levantas la voz y dices: '¿Quién dejó eso ahí?'

Lo primero que ha sucedido es que el tálamo (la puerta de la percepción) se ha estimulado y ha enviado información a la región occipital (recuerda que es el responsable del procesamiento de la información visual). Las propiedades de los restos que has visto encajan con las de una manzana, y luego la información viaja a la región del lenguaje y dices "esto es una manzana". Al mismo tiempo esa información puede llegar a la memoria y generar emociones si la manzana es algo agradable o desagradable para ti. Al final te enojas y el tono de tu voz debería manifestar esa ira. Es el hemisferio derecho el encargado de aportar tinte emocional a la frase que sale de tu boca.

Como ves nadie puede negar que en el cerebro existen áreas especializadas en determinadas funciones, lo que pasa es que cada proceso mental, por simple que parezca, involucra diferentes áreas de especialización. De alguna manera podemos decir que el cerebro no actúa como un aparador en el que todo está ordenado y basta con ir al cajón de los calcetines o de la camisa, y ahí encontramos lo que buscamos (si no, procesamos la información visual y protestamos -No hemos encontrado nuestra camiseta favorita). Más bien, debemos entender el cerebro como un proceso dinámico más similar a lo que hacemos todos los días cuando nos vestimos. Es decir, abrimos distintos compartimentos de la cómoda para encontrar el vestido de ese día. Evidentemente hay cajones que abrimos más veces y que son más habituales en nuestra ropa cotidiana, como la ropa interior y otros que usamos con menor frecuencia, como los bañadores. Posiblemente una de las claves del funcionamiento cerebral radica en saber ir a los cajones correctos y elegir la ropa adecuada para el momento adecuado, aunque haya personas que sigan apostando por el atrevimiento de llevar calcetines blancos con sandalias.

Dos Hemisferios, Dos Estilos

Como hemos indicado, la corteza cerebral se divide en dos hemisferios casi simétricos comunicados por el cuerpo calloso que transmite un diálogo íntimo y continuo entre ellos. En el apartado anterior, hemos indicado que los lóbulos de cada hemisferio tienen funciones diferentes y ahora veremos si cada uno de estos hemisferios contiene realidades diferenciadas.

Existen varias formas de estudiar las diferencias entre los dos hemisferios, pero sin duda, la más exitosa ha sido la seguida por autores como Sperry y Gazzaniga, quienes han estudiado el funcionamiento de ambas partes del cerebro en sujetos con lesiones del cuerpo calloso. En estos casos, ambos hemisferios no pueden comunicarse entre sí porque están desconectados. Aunque estos experimentos tienen un diseño algo complejo, lo que te interesa es el resultado de ellos.

Primero que nada y para entender estos experimentos, debes saber que nuestro cuerpo está "invertido" con respecto a nuestro cerebro. Si, por ejemplo, conoces a alguien que ha tenido un infarto cerebral y se le ha paralizado la parte derecha de su cuerpo, la lesión está en el hemisferio izquierdo y también es probable que tenga un problema adicional de lenguaje (recuerda que el lenguaje está en el hemisferio izquierdo), si por el contrario la parte afectada es la izquierda, la lesión estará en el hemisferio derecho del cerebro.

Por ejemplo, en el libro de Sally Springer y Georg Deustch "Cerebro Izquierdo, Cerebro Derecho " informan el caso de NG, un ama de casa de California con ambos hemisferios cerebrales separados. El paciente mira un punto negro en el centro de una pantalla y, de repente, la imagen de una taza parpadea brevemente a la derecha del punto. NG no duda en decir que ha visto una taza. Se le pide que mire de nuevo el punto negro y ahora se le muestra la imagen de una cuchara a la izquierda. ¿Qué han visto? Ella responde, "nada". Nuevamente se le pide que mire la mancha negra en el centro y ahora se le muestra la imagen de una mujer desnuda en su lado izquierdo. NG se sonroja y hace una risa tonta. ¿Qué has visto ahora? "Nada, solo un destello de luz", responde, tapándose la boca para ocultar su risa astuta. "Entonces, ¿por qué te ríes? –Pregunta el investigador. "¡Oh, qué máquina tan tonta es este doctor! –Responde ella".

En este experimento, vemos que lo que se percibe del lado derecho va al hemisferio izquierdo y el paciente puede nombrarlo porque es el hemisferio del lenguaje. Sin embargo, cuando se percibe en el lado izquierdo y se dirige al hemisferio derecho, el sujeto no puede decir lo que ha visto y también inventa algo que justifica su comportamiento.

Otros estudios de LeDoux, Gazzaniga y Sperry han demostrado que "cada hemisferio tiene sus propias sensaciones, percepciones, ideas y pensamientos particulares, todos aislados de las experiencias correspondientes en el hemisferio opuesto. Cada hemisferio, derecho e izquierdo, tiene su propia cadena privada de recuerdos y lecciones aprendidas cuyo acceso está prohibido al hemisferio opuesto. En muchos sentidos, cada hemisferio desconectado parece tener su propia mente independiente. Lo que plantea esta afirmación es, ni más ni menos, que existe una doble identidad, dos conciencias en un mismo individuo, Dr. Jekyll y Mr. Hyde están en cada uno de nosotros. Como veremos cuando hablemos de conciencia, esta afirmación puede ser, al menos, exagerada.

Antonio es un paciente de 54 años, fuerte, calvo y con gafas de sol "Torrente". Aunque sufrió un infarto cerebral hace unos meses, mantiene con orgullo su hábito de fumar dos paquetes de tabaco rubio al día. Nos lo envían porque después del infarto cerebral se ha vuelto "un obsesivo" y nunca sabe qué hacer, encontrándose inmerso en una duda permanente. Cuando lo entrevistamos, comenta una situación curiosa que ejemplifica lo que le pasa. Al salir de nuestra clínica hay una pequeña rotonda que toma a la derecha para volver a su casa (como también es obligatorio en él, no ha dejado de conducir) pero cada vez que va a tomar la rotonda, con una mano gira el volante a la derecha y con el otro deshace el movimiento lo que hace que gire varias veces en la rotonda (imagínate la sorpresa de los demás conductores).

Su ejecución en las pruebas que aplicamos en nuestra consulta también fue bastante peculiar. Una de las pruebas que usamos para evaluar las funciones del lóbulo frontal es una especie de juego en el que se insertan tres cilindros de diferentes tamaños en un poste de madera, siguiendo un orden de tamaño. El sujeto está uno frente al otro, los tres cilindros en el poste y dos postes más. Las instrucciones son las siguientes: "debes mover los tres cilindros para dejarlos en el polo del otro extremo como están colocados ahora, para esto debes sacarlos uno a uno, ninguno puede quedar en tu mano, cuando se pongan uno encima del otro, el que te pongas debe ser siempre más pequeño que el de abajo y debes hacerlo en el mínimo de movimientos posibles". Nuestra sorpresa fue mayúscula cuando observamos que su mano derecha se movía, y su mano izquierda se encargaba de devolver el cilindro a su punto de partida. No hace falta decir que, el efecto que produjo en la cafetería cuando estaba listo para pagar el café (como se le requiere, no había salido el café) y colocó el billete en la parte superior de la pantalla con la mano izquierda, para recogerlo inmediatamente con la mano derecha.

Cuando accedimos a los informes de neurología, comprendimos lo que estaba sucediendo. No era realmente obsesivo, pero el infarto había afectado al cuerpo calloso provocando una desconexión parcial de ambos hemisferios. En la literatura, este trastorno se conoce como "el síndrome de la mano ajena" y su nombre es realmente muy ilustrativo porque la mano cobra vida y hace "lo que quiere". Se convierte en un ser travieso que va desorientando todo lo que ordena el otro hemisferio, se dedica a fastidiarle la vida con sus bromas de mal gusto, y en ocasiones incluso puede mostrar intenciones aún más perversas (como en el caso de otro paciente cuya mano estaba intentando ahogarlo por la noche).

Aunque estas descripciones nos impresionen, quizás, no hagan más que mostrarnos los comportamientos cotidianos del ser humano con una lupa. Después de todo, es bastante cierto que todos vivimos realidades palpables y realidades virtuales. Todos hemos contado historias, que, si bien nos han pasado de verdad, han sido debidamente sazonadas en la cocina de nuestro cerebro para darles ese toque que impresiona a nuestro interlocutor. Todos, en alguna ocasión, han mezclado lo que es con lo que nos gustaría que fuera. Todos nos hemos engañado alguna vez para hacer que nuestro engaño sea creíble. Es obvio, de alguna manera, que todos llevamos dentro esa división hemisférica que nos parece tan llamativa en los casos de escisión cerebral y el síndrome de la mano ajena.

Algunos autores han ido más allá de describir estos fenómenos auténticos para intentar explicarlos desde una perspectiva más global. Vilayanur Ramachandran es un neurólogo de gran prestigio, al que le gusta llevar lazos con el dibujo cerebral y que ha desarrollado su labor clínica y de investigación en Estados Unidos. Como indica su apellido, es de origen hindú lo que puede haberle influido en esa capacidad especial que muestra para saber mirar las cosas desde una perspectiva más global u holística. Pues bien, este autor sugiere que existe una diferencia aún más fundamental entre los dos hemisferios que afecta sus estilos cognitivos (en su forma de trabajar con la información que reciben) y que puede contribuir a una mejor comprensión del papel del funcionamiento cerebral.

En cualquier momento de nuestra vida aleatoria, nuestros cerebros se ven abrumados por una cascada continua de información que tenemos que incorporar en una perspectiva coherente de la imagen que tenemos de nosotros mismos y lo que los demás esperan de nosotros. Para generar acciones coherentes o mantener un "status quo" específico, el cerebro debe tener algún mecanismo para filtrar esta información y ordenarla en un esquema de creencias estable y consistencia interna. Esta es la responsabilidad del hemisferio izquierdo, de integrar la información en la imagen anterior que tengo del yo. Es decir, es nuestro hemisferio izquierdo el responsable de mantener la imagen que tengo de mí mismo y destruir cualquier información que atente contra esa imagen. En definitiva, es él quien realiza esta tarea "ingrata" de matar al mensajero para no guardar el mensaje.

¿Qué pasa entonces cuando la información sobre mi comportamiento no se ajusta al guión establecido? El hemisferio izquierdo conserva completamente esa información o la distorsiona para hacerla encajar en el marco preexistente, con el fin de mantener la estabilidad. Lejos de ser defectos adaptativos, estos mecanismos de defensa cotidianos evitan que el cerebro sea incoherente a la falta de dirección debido a las posibilidades de combinación de los posibles guiones que se pueden escribir con el material recogido en nuestra experiencia. El inconveniente, por supuesto, es que uno se miente a sí mismo y a los demás, pero este es un precio bajo y aceptable por la coherencia y estabilidad que adquiere el sistema en su conjunto. Por tanto, las estrategias de adaptación empleadas por los dos hemisferios son básicamente diferentes. La tarea del hemisferio izquierdo es crear un sistema o modelo de creencias y encajar todas las nuevas experiencias en ese sistema de creencias.

Si encuentras información que socava ese sistema de creencias, recurre a la negación, reprime e inventa una historia que te permite mantener el status quo. Sin embargo, la estrategia del hemisferio derecho es actuar cuestionando ese status quo. Cuando la información anómala alcanza un determinado umbral, el hemisferio derecho realiza una revisión global del modelo, es decir, el hemisferio derecho impone un cambio de paradigma.

Este modelo sobre los estilos de los dos hemisferios está perfectamente ilustrado por el propio Ramachandran con el ejemplo de un ejército que está listo para atacar al enemigo. Este ejército, con su general al mando (el hemisferio izquierdo), tiene 600 tanques, mientras que los enemigos solo tienen 500, por lo que el general decide entrar en combate al amanecer. A las 6 de la mañana llega un espía (el hemisferio derecho) jadeando, y dice que se han equivocado y que el enemigo tiene 700 tanques. ¿Qué hace el general (hemisferio izquierdo)? Apenas tiene tiempo, por lo que prescinde de la información, ordena encerrar al espía y da la orden de ataque. El general se aferra a la esperanza de que la información sea incorrecta y piensa que una sola fuente no es muy confiable. Ahora, supongamos que el espía (hemisferio derecho) viene corriendo y dice "el enemigo tiene armas nucleares". En este caso, el general (hemisferio izquierdo) sería muy estúpido si intenta mantener sus planes. Este ejemplo ilustra a la perfección los dos estilos cognitivos de ambos hemisferios cerebrales: la izquierda intenta mantener un cierto sistema de creencias encajando todo lo que sucede en esas creencias (por eso debemos creer que siempre tenemos la razón) y el otro actuando como abogado del diablo, susurrando nuestras inconsistencias en nuestros oídos para cuestionarnos que algo debe cambiar. Es una pena que la mayoría de la gente no sepa reconciliar estos dos personajes y sea demasiado cambiante o demasiado rígida.

Temas Típicos

¿Subutilizamos nuestros cerebros? El supuesto conocimiento o, mejor dicho, el desconocimiento sobre el funcionamiento del cerebro, permite a los amigos de lo misterioso introducir una serie de temas sobre los que asentar sus afirmaciones sobre el poder de la mente. Si tuviera que elegir un tema absurdo, no dudaría en elegir el que dice que el cerebro funciona al diez o al veinte por ciento de sus posibilidades.

No sé muy bien por qué se afirma que el cerebro es un órgano diferente a cualquier otro de los que componen nuestro cuerpo. No veo la diferencia sustancial entre un cerebro, un hígado, un páncreas o un corazón, pero nadie se atreve a sugerir que usemos el corazón al diez por ciento de su rendimiento. Sin embargo, algunos afirman, sin vergüenza, que usamos el cerebro al diez por ciento, de lo que deducen, a su vez, que, si lo usáramos al cien por cien, podríamos lograr mover objetos con solo desearlo. No sé si con un diez por ciento podemos mover objetos pequeños y con un cien por ciento podríamos mover el piano de cola de la abuela.

Siempre me han llamado la atención las contradicciones en las que cae el ser humano, sus incongruencias. Si le preguntas a un fanático del estudio del poder de la mente si cree en Darwin y la evolución, te dirá que sí, y a su vez también argumentará que usamos el cerebro al 10% de su potencial. Ambas declaraciones son exclusivas. Según la evolución, la selección natural diseñó los órganos para adaptarse al mundo que tenemos para vivir y garantizar nuestra supervivencia. No tiene sentido proponer que diseñemos una máquina de esta complejidad para utilizarla al 10%. Es como afirmar que estamos dotados de cinco dedos en cada mano por si un día cortamos uno, luego otro, y luego otro para que nos queden dos dedos. Si el ser humano tiene un cerebro que solo usa el 10% es el ser más estúpido de la evolución.

La referencia clásica para hacer esta afirmación se basa en esos seres extraños que aprenden una guía telefónica o hacen sumas imposibles a una velocidad diabólica. Sin embargo, estos sujetos son buenos ejemplos de cerebros anómalos (un cerebro adecuado es el que logra un equilibrio armonioso de sus diferentes funciones y no el que hipertrofia unas en detrimento de otras). Si estudiamos el cerebro de estos individuos, observamos que la región encargada de las "sumas" o memorización de números es muy amplia y ocupa áreas cerebrales que deberían asignarse a otras funciones. Ninguno de ustedes se atrevería a decir que alguien que aprende miles de números es inteligente; Solo diría de él que "tiene buena memoria para los números" y tener buena memoria para los números no garantiza una supervivencia adecuada.

Otros afirman que el cerebro es como un músculo en las piernas y los brazos, y que llevar al cerebro a su potencial incalculable no es más que una cuestión de entrenamiento. Sin embargo, los límites de cada ser humano son finitos y medibles porque responden a las leyes de la física. Evidentemente hay diferencias individuales que dependen de los genes, del desarrollo en el útero de la madre, de las experiencias tempranas y tardías o del entrenamiento, pero les aseguro que, aunque todos los dioses y poderes ocultos se hubieran conjurado para echarme un mano, nunca saltaría ocho metros en salto de longitud. También les aseguro que ningún ser humano con su diseño corporal actual (en el que incluyo el cerebro) podrá jamás saltar ochenta metros (la longitud que podría alcanzar si actualmente utiliza el 10 por ciento de sus posibilidades físicas).

¿Las neuronas no se regeneran? Una de las ideas que clásicamente se ha atribuido a Ramón y Cajal es que las neuronas no se regeneran y que cuando mueren ya no pueden ser reemplazadas por otras. Este principio ha servido a nuestros padres para advertirnos del peligro del alcohol o para señalar que no es bueno golpear a los niños en la cabeza. Sin embargo, a finales de la década de 1990, este principio ha comenzado a ser cuestionado. Del trabajo de Eriksson hemos aprendido que en el giro dentado del hipocampo (región relacionada con la memoria) se generan nuevas neuronas incluso en adultos. Cada día nacen unos 20.000 o 30.000 recién nacidos, viven aproximadamente tres años y mueren para ser reemplazados por otros. Parece que estas neuronas están relacionadas con el aprendizaje y que su supervivencia puede estar relacionada con aspectos como el ejercicio físico y mental. Estas neuronas, entonces, son parte de un ciclo de vida inexorable cuya función exacta no se conoce con precisión.

¿Hay mucha plasticidad cerebral? Una creencia bastante extendida (supongo basada en el hecho de que nuestro cerebro está infrautilizado) viene a afirmar que, tras una lesión, las neuronas que rodean la zona afectada adquirirán las funciones de las neuronas lesionadas y santa Pascua. Sin embargo, esto no parece tan sencillo. Una línea de investigación sobre plasticidad surge del trabajo sobre el lenguaje en niños. En un estudio clásico, se estudiaron cincuenta niños con lesiones en el hemisferio izquierdo (región del lenguaje) producidas durante el parto. La conclusión fue que los niños pudieron desarrollar el lenguaje y que gran parte de ese desarrollo podría explicarse por el desarrollo de un área potencial para él que se encuentra en el hemisferio derecho. Los defensores de la subutilización del cerebro pueden celebrar estos hallazgos, pero solo por unos momentos. Estudios posteriores han demostrado que los niños que recuperan el lenguaje usando el hemisferio derecho son muy torpes en las habilidades visuales y espaciales (habilidades que se encuentran en el hemisferio derecho). Es decir, el lenguaje ha ocupado las neuronas del hemisferio derecho y no pueden hacer dos cosas al mismo tiempo (digamos hablar y dibujar).

Otro aspecto importante es si esta plasticidad se produce a lo largo de la vida del individuo. Los estudios de Marius von Seden en la década de 1930 ya han demostrado que los niños recién nacidos con cataratas que son intervenidos después de 6 meses no ven excepto formas de objetos familiares y también deben confiar en el tacto para reconocerlos. Sin embargo, si la intervención ocurre en los primeros seis meses de vida, los niños pueden ver con claridad. Esto significa que las ventanas de plasticidad cerebral (período de tiempo durante el cual se puede desarrollar una función) para los sentidos se abren cuando uno nace y se cierran a los pocos meses de vida.

Recientemente, en una clase que enseñaba sobre plasticidad cerebral, un alumno me dijo que había adoptado a dos niñas rumanas, una de cuatro años y otra de diez. Después de cuatro años, en España, la pequeña había adoptado el acento aragonés y la mayor mantenía su acento rumano. Los casos de niños "salvajes" encontrados en diferentes culturas nos muestran que las ventanas para la plasticidad del lenguaje se cierran hacia los siete u ocho años. Como puedes ver, la plasticidad disminuye con la edad, y cuando esto sucede, el método preferido por el cerebro es enviar la función al otro hemisferio cerebral.

Finalmente, te diré que no toda la plasticidad cerebral es beneficiosa. Seguro que todos habéis oído hablar de ese dolor intenso y persistente que se da en los amputados, llamado dolor del miembro fantasma. En nuestra clínica hemos visto varios casos de pacientes que se quejan de que les duele el brazo o la pierna por haber sido amputado, aunque son conscientes de que ya no lo tienen. Los estudios de Ramachandran muestran que cuando se toca un hisopo de algodón en ciertas partes de la cara, estos pacientes se quejan de dolor en partes de la mano amputada. Lo mismo sucede cuando los tocas en la zona genital; solo entonces se quejan de dolor en la pierna amputada. Esto ocurre porque en el cerebro tenemos una representación de nuestro cuerpo donde la cara está representada cerca de los brazos y las piernas cerca del genital ya que este esquema corporal en el cerebro se desarrolla cuando estamos en una postura fetal dentro del útero materno (llamado homúnculo de Penfiel). Bueno, cuando se amputa un brazo, la zona adyacente en el cerebro (es decir, la cara) "invade" la región que se le asignó al brazo y cuando tocamos ciertos puntos de la cara producimos "irritación" de las neuronas que "pertenecían" al brazo. Como ves, a veces la plasticidad no es muy beneficiosa y puede hacernos sufrir mucho".

Capítulo 7: Inteligencia

El ser humano siempre se ha jactado de su inteligencia, y los estudiosos llevan muchos años intentando definir y medir este concepto poliédrico. Nuestra intuición nos dice que la inteligencia no tiene por qué estar asociada a un cierto nivel cultural y citamos casos de personas sin cultura a quienes reconocemos su comportamiento inteligente. Nuestros hijos son inteligentes, lo que deben agradecer a sus padres. No podemos dejar de esbozar una sonrisa cuando la maestra nos dice que nuestro hijo es listo (claro, gracias a nosotros) pero un poco vago (esto se debe a la maestra).

Es curioso que creemos que hay gente inteligente sin cultura y sin embargo le damos tanta importancia al rendimiento académico. De hecho, las clásicas pruebas de inteligencia han demostrado ser buenos predictores del rendimiento académico, pero no son tan adecuadas cuando se trata de predecir el "éxito en la vida". Como señalan Robert Sternberg y Douglas Detterman, debemos revisar la medición de la inteligencia para evaluar los comportamientos inteligentes de la vida cotidiana. Cuando pasamos una prueba de inteligencia es tan importante (o más) calificar adecuadamente la respuesta del sujeto para observar los procesos que conducen a tal respuesta.

En realidad, uno de los grandes debates que debe resolver la ciencia del futuro es la medición de la inteligencia y cómo saber si alguien tiene buena inteligencia práctica, aunque no puntúe de forma sobresaliente en las pruebas. Una de las pruebas más clásicas para medir la inteligencia contiene una prueba llamada información en la que se insta al sujeto a definir una serie de palabras por su significado (¿Quién escribió la Ilíada?) Como ves, esta prueba en particular parece medir el nivel cultural y la memoria del sujeto más que su inteligencia en la vida cotidiana. Ahora supongamos que en un cajón hay calcetines mixtos de dos colores: negro y verde en una proporción de tres calcetines negros por cada cinco verdes. ¿Me puedes decir cuántos calcetines debes sacar del cajón para asegurarte de haber cogido dos del mismo color? (Piensa antes de decir la respuesta).

Este segundo problema se considera paradigmático de lo que es tener una buena inteligencia práctica (si la resuelves bien, claro).

En 1986, en un libro sobre inteligencia práctica, Ceci y Liker llevaron a cabo un estudio en el que intentaron analizar por qué algunos apostadores en las carreras de caballos lo hacían mejor que otros. Es un hecho comprobado que entre los apostadores hay individuos que obtienen ganancias pequeñas, pero bastante regulares basadas en las apuestas. Se encontró que estos apostadores tienen una larga experiencia en esta apuesta ecuestre, por lo que se podría concluir que los resultados son similares a la experiencia acumulada. Sin embargo, Ceci y Liker observaron que algunos apostadores experimentados obtuvieron ganancias mientras que a otros no les fue tan bien. También evaluaron la inteligencia de ambos grupos con las clásicas pruebas de inteligencia, obteniendo datos parejos en ambos grupos. Con base en estos datos, sugirieron que los apostadores expertos que ganan dinero tienen una inteligencia práctica que se expresa en la capacidad de evaluar la interacción entre muchas variables que juegan un papel en una carrera como los caballos, qué jinete monta cada equino, el estado de la hierba, etc. En cualquier caso, no podemos afirmar que un apostador con brillante inteligencia práctica para hacer apuestas sea también inteligente de por vida.

La mayoría de los esfuerzos por estudiar y definir la inteligencia han adoptado lo que Thomas S. Kuhn llamó, en 1962, el punto de vista "resolutivo", es decir, han tratado de reducir los fenómenos complejos a sus partes o sus consecuencias. Así, la inteligencia se ha definido en términos de capacidad de aprendizaje, memoria, habilidad para resolver problemas, razonamiento, juicio social, adaptación al entorno y muchos otros conceptos, aunque todos estos aspectos son consecuencia de la aplicación de la inteligencia y por tanto no servir como una definición de la misma.

Si la neurociencia se acaba con la dicotomía cerebro-mente, no deberíamos dudar de que la actividad intelectual tiene correlatos neurofisiológicos o cerebrales.

El Tamaño Sí Importa

Recuerdo que cuando era niño, un maestro se burlaba de un compañero de clase, argumentando que siempre sería tonto. Basó tal afirmación en la forma de su cráneo (prominente en la parte posterior). He seguido la trayectoria de ese compañero y sé que este maestro se equivocó en su pronóstico. En cualquier caso, medir la inteligencia es algo que ha obsesionado al hombre y los enfoques de la medición han sido de lo más extraños.

Paul Broca (1824-1880) fue profesor de cirugía clínica en la Facultad de Medicina de París. Una de sus aportaciones más importantes y que en la actualidad sigue vigente, es la descripción de un trastorno del lenguaje secundario a una lesión cerebral en la región anterior del hemisferio izquierdo del cerebro (de hecho, este trastorno se denomina afasia de Broca). Sin embargo, una faceta menos conocida de Broca es su afición por medir la inteligencia en función del tamaño del cerebro. La conclusión de Broca no es en vano: "el cerebro es más grande en los adultos que en los ancianos, en los hombres que en las mujeres, en los hombres eminentes que en los mediocres, en las razas superiores que en las inferiores...

Igualmente, hay una significativa relación entre el desarrollo de la inteligencia y el volumen del cerebro".

No crea que Broca era un charlatán. De hecho, el cuidado y la minuciosidad con que procedió es respetable. Realizó un minucioso estudio de los métodos utilizados hasta entonces para determinar la capacidad craneal y decidió que llenar el cráneo con perdigones de plomo era el método más preciso. Pasó meses evaluando factores como la forma y altura del cilindro donde se recogían los perdigones con los que se llenó el cráneo, la velocidad de volcado de los perdigones en la cavidad craneal o la forma en que se debía agitar y golpear este último para componer los pellets. La media europea estaba entre los 1.300-1.400 gramos y aunque Broca no sabía que su propio cerebro pesaba 1.424 gramos, un poco más que la media, pero nada como un cohete.

A finales del siglo XIX y principios del XX, el director del laboratorio de psicología de la Sorbona, Alfred Binet, decidió abordar el tema de la medición de la inteligencia. Aunque en sus primeros años abrazó los postulados de su compatriota Paul Broca, pronto se dio cuenta de que las diferencias entre los tamaños del cráneo de sujetos inteligentes o estúpidos se debían en gran parte a la autosugestión de quien lo medía: "la posibilidad de sugerir (mediante un pre-juicio) no depende de un acto del que seamos conscientes sino de un acto semi-inconsciente, y ahí está el peligro". En 1904 Binet vuelve a abordar el tema de la medición de la inteligencia y decide utilizar métodos "psicológicos".

Durante ese año, el ministro de educación francés encargó un estudio para tratar de desarrollar técnicas que identificaran a los niños cuyo fracaso en las escuelas normales sugiriera proporcionarles algún tipo de educación especial. A diferencia de las pruebas anteriores, Binet desarrolló un producto a escala de la mezcla de diferentes actividades. Consideró que la mezcla de varias pruebas relacionadas con diferentes actividades y habilidades le permitiría extraer un valor numérico capaz de expresar el potencial general de cada niño.

Para ello, Binet decidió seguir un procedimiento práctico. Seleccionó una serie de tareas breves relacionadas con la vida cotidiana (contar monedas o elegir "qué cara es más bonita") pero que supuestamente involucraban ciertos procesos racionales básicos como la comprensión, la creatividad o la crítica. Antes de su muerte en 1911 publicó tres versiones de la escala. La versión de 1908 introdujo el criterio que se ha utilizado desde entonces para la evaluación del coeficiente intelectual. Binet decidió atribuir a cada tarea un nivel de edad, definido como aquel en el que un niño de inteligencia normal era capaz de completar con éxito la tarea en cuestión. Así, su edad mental estaba dada por la edad correspondiente a las últimas tareas que había podido realizar, y su nivel intelectual se calculó restando su edad mental de su edad cronológica.

¿Cuándo comienza el uso a gran escala del concepto de coeficiente intelectual? Lewis M. Terman fue el duodécimo de los catorce hijos de una familia de granjeros en Indiana. Su interés por la inteligencia se remonta a la visita a su casa de un vendedor de libros cuando tenía diez años y el librero le auguraba grandes éxitos a Terman tras palpar unos pro-tubos en su cráneo.

La frenología fue la corriente imperante durante finales del siglo XVIII y principios del XIX. Como ya hemos señalado, su antecesor fue Franz Joseph Gall. Gall había quedado impresionado con un compañero de clase que tenía los ojos saltones y, al mismo tiempo, era muy bueno para deletrear, por lo que se preguntaba si para ser bueno deletreando hay que tener los ojos saltones. Cuando se convirtió en médico en Viena, examinó varios cerebros de cadáveres para concluir que los ojos estaban abultados porque el cerebro detrás de ellos era muy voluminoso y que este aumento de volumen estaba relacionado con la ortografía. Este es el origen de la frenología que defendía la idea de que en el cerebro se localizan múltiples funciones diferenciadas. Además, consideró que las capacidades de un sujeto podrían conocerse palpando su cráneo y detectando las prominencias existentes en él.

Terman desarrolló esa temprana curiosidad sin dudar que el valor intelectual de las personas era algo medible ubicado en la cabeza. El principal precursor de la expansión de la escala Binet en Norteamérica fue Terman. La última versión de Binet constaba de cuarenta y cuatro pruebas, y Terman realizó una revisión de la escala que cubría un total de noventa tareas. Como en ese momento (1916) era profesor en la Universidad de Stanford, le dio a su reseña un nombre que ya forma parte del vocabulario psicológico de nuestro tiempo "la escala Stanford-Binet".

Terman estandarizó la escala para que el resultado del niño "normal" fuera 100 en cada edad (la edad mental coincide entonces con la edad cronológica). También niveló la variación entre los niños al introducir una variación que consideró normal de 15 o 16 puntos en cada edad cronológica. Con su promedio de 100 y su desviación normal de 15, la prueba Stanford-Binet fue (y sigue siendo) la referencia para todas las pruebas de inteligencia publicadas a partir de entonces. La falacia es la siguiente: "Si la prueba de Stanford-Binet mide la inteligencia de cualquier prueba que tenga una correlación cercana con ella, también medirá la inteligencia". La pregunta es simple: ¿qué pasa si esta prueba no es una prueba adecuada para medir la inteligencia? La respuesta también es simple: entonces es probable que ninguna prueba mida la inteligencia.

Ocho, Había Ocho

Ramanujan era un joven indio que, a principios de siglo, trabajaba como administrador en el puerto de Madrás. Había estudiado algunos años y carecía de conocimientos de matemáticas avanzadas. Era tan pobre que no podía comprar papel y usaba sobres que solía enredar con sus ecuaciones. Antes de cumplir los veintidós años, había descubierto varios teoremas nuevos. Como no conocía a ningún especialista en matemáticas en India, decidió enviar sus ecuaciones a Cambridge (Inglaterra). Allí, el profesor Hardy los miró y se fue a jugar al tenis. Pero las ecuaciones giraban en su cabeza, así que regresó apresuradamente a casa. Tomó los sobres escritos por Ramanujan y comprobó la validez de las complicadas ecuaciones resueltas por él. Ramanujan se mudó a Cambridge, donde trabajó durante años.

Howard Gardner nació en Estados Unidos en 1943. Hijo de refugiados de la Alemania nazi, este neuropsicólogo es codirector del Proyecto Zero en la Escuela Superior de Educación de Harvard, donde también se desempeña como profesor de educación y psicología. También es profesor de neurología en la Facultad de Medicina de la Universidad de Boston. Es conocido en el ámbito educativo por su teoría de las inteligencias múltiples, basada en el hecho de que cada persona tiene, al menos, ocho inteligencias u ocho habilidades cognitivas.

La investigación de Gardner reveló no solo una familia de inteligencias humanas mucho más amplia de lo que se suponía anteriormente, sino que generó una definición pragmática renovada del concepto de inteligencia. En lugar de considerar la "superioridad" humana en términos de puntuación en una escala estandarizada, Gardner define la inteligencia como la capacidad para resolver problemas cotidianos, la capacidad para generar nuevos problemas para resolver y la capacidad para crear productos u ofrecer servicios valiosos dentro del propio campo cultural. Pero, ¿cuáles son estas ocho inteligencias?

1. Inteligencia lingüístico-verbal: es la capacidad de utilizar las palabras de forma eficaz, manipulando la estructura o sintaxis del lenguaje, la fonética, la semántica y sus dimensiones prácticas. Si te encanta escribir cuentos, leer, jugar con rimas, trabalenguas o aprender otros idiomas, eres un lingüista inteligente (no un orador).

2. Inteligencia físico-cinestésica: es la capacidad de utilizar el propio cuerpo para expresar ideas y sentimientos y sus particularidades de coordinación, equilibrio, destreza, fuerza, flexibilidad y rapidez, y táctil. Se observa en personas que destacan en actividades deportivas, danza, expresión corporal y/o en trabajos de construcción utilizando diversos materiales de hormigón.

3. Inteligencia lógica-matemática: es la capacidad de manejar números, relaciones y patrones lógicos de manera eficiente, así como otras funciones y abstracciones de este tipo. Los sujetos que lo han desarrollado analizan fácilmente enfoques y problemas. Se acercan a los cálculos numéricos, las estadísticas y los presupuestos con entusiasmo. Este parece ser el caso de Ramanujan.

4. Inteligencia espacial: es la capacidad de apreciar con certeza la imagen visual y espacial, representar gráficamente las ideas y captar con nitidez el color, la línea, la forma, la figura, el espacio y sus interrelaciones. A estas personas les gusta hacer mapas conceptuales y mentales. Entienden muy bien planos, mapas y bocetos.

5. Inteligencia musical: es la capacidad de percibir, distinguir, transformar y expresar el ritmo, timbre y tono de los sonidos musicales. Los individuos que lo muestran se sienten atraídos por los sonidos de la naturaleza y todo tipo de melodías. Disfrutan siguiendo la brújula con el pie, golpeando o agitando un objeto rítmicamente.

6. Inteligencia interpersonal: es la capacidad de distinguir y percibir estados emocionales y signos interpersonales de los demás, y responder eficazmente a estas acciones de forma práctica.

7. Inteligencia intrapersonal: es la capacidad de introspección y de actuar de forma coherente sobre la base de este conocimiento, para tener una autoimagen exitosa, y capacidad de autodisciplina, comprensión y autoestima. Estas personas son reflexivas, de razonamiento correcto y generalmente son consejeras de sus pares.

8. Inteligencia naturalista: es la capacidad de distinguir, clasificar y utilizar elementos del entorno, objetos, animales o plantas, tanto urbanos como suburbanos o rurales. Incluye las habilidades de observación, experimentación, reflexión y cuestionamiento de nuestro entorno. Les gusta investigar las características del mundo natural y son amantes de los animales y las plantas.

El núcleo central de su definición es que la inteligencia es la capacidad de resolver nuevas situaciones. El propósito de resolver situaciones novedosas es resolver problemas para reducir la incertidumbre del entorno en el que nos desenvolvemos, y el resultado del comportamiento inteligente es un producto que se valora social y culturalmente porque sirve para ayudar a vivir mejor.

colorize-it.com

Conclusión

Gracias por llegar hasta el final de *Reconfigura Tu Cerebro*, esperemos que haya sido informativo y haya podido brindarte todas las herramientas que necesitas para lograr tus objetivos, sean los que sean.

Debemos participar en esta maravillosa búsqueda que revela cómo los procesos mentales y el funcionamiento del cerebro se unen en una sola realidad que es el hombre. La ciencia es demasiado importante para dejarla exclusivamente en manos de los científicos. El filósofo Baruch de Spinoza dijo que "la gente cree ser libre de mente simple porque es consciente de sus acciones y desconoce las causas que determinan esas acciones". La neurociencia es la forma de conocer las causas últimas por las que se mueven y se rigen los comportamientos y conductas humanas.

Saber cómo funciona nuestro cerebro nos hace sentir más independientes. La neurociencia te ayudará a comprender y comprender (que no es lo mismo que justificarte). La neurociencia es crear un edificio donde se busca la verdad de cada proceso mental, por sublime que sea y ese edificio tiene forma de cerebro. Que algunos no se preocupen por este panorama ya que, entre ladrillo y ladrillo de esta magnífica construcción, aún quedan rendijas que se pueden rellenar convenientemente con pasta ideológica. Nuestra mente tiene la peculiaridad única de que la diferencia con otras partes de la naturaleza que nos rodea es la parte del mundo que nos ocupa. ¡Mi mente soy yo! La desventaja de esto es que intentamos acercarnos al conocimiento de la mente con un instrumento de la misma complejidad que la mente misma. La ventaja es que podemos conocerlo desde dentro y saber cómo se siente uno siendo un instrumento mental. No sabemos cómo se siente ser cualquier otra cosa que pretendamos saber. ¡Ah! El número de calcetines que tienes que sacar del cajón es tres.

Por último, si este libro te resultó útil de alguna manera, ¡siempre se agradece una reseña en Amazon!